黃登山 編著

老子釋義

羅宗濤 敬題

臺灣學生書局 印行

黃序

老子之書，號稱虛無，與易、莊子，魏晉時並稱三玄。然研治者仍代有其人，蓋其所論道體，雖迎之不見其首，隨之不見其後，而實為產生宇宙萬物之樞紐，支配萬物運動變化之抽象規律。苟能掌握此抽象之規律，則可運用於無窮，此所謂「當其無，有車之用」（標點從王弼注）也。故韓非依之以為法家理論之根據，漢初用之以為政治之準則，宋人太極之說，與其亦深有淵源焉。是以老子之書不可不讀。吾友黃登山教授，治老子之學歷有年所，講學上庠，就者甚衆，青年學子，廣被其澤，惟受惠者終有所限。今從友人之勸，將歷年講稿，整理出版，俾普遍流傳。余拜讀其內容，深為欽服，無論其考訂、譯注均甚周密，且分析綦詳，而餘論往往有深意寄寓其中。昔沈一貫云：「老子之自為也深，示人以道，而略其器，使達者易入，不恤未達者」。今是書非但能發揮老子抽象道體之作用，使達者易入，且字斟句酌，解釋詳明，兼恤未達者矣。可謂老子書之功臣也。是為序。

民國七十六年國慶日　**黃錦鋐**　序于
臺北市郊蟾蜍山麓晚學齋

陳序

民國四十五年歲次丙申，余初識同門友黃君登山於　先師林景伊先生之門。先師時以小學與老莊教授於各大學，余從　先師治文字、聲韻之學，日相討論者，黃君登山與焉。歲月不居，荏苒卅載，先師且歸道山，撫今思昔，不勝隔世之感。近黃君出老子釋義示余，且屬爲序言。余讀之喜，因爲言曰：昔嘗聞先師之言老子，以其世爲史官，深明乎治亂興衰之由，察乎成敗得失之故，憤世俗之澆薄，故主反樸歸眞，順乎自然。感物慾之誘惑，故主絕聖棄智，而復其淡泊。以剛強之易摧，爭競之自害，故主謙虛柔弱，以長保其身，以善處此世。以道爲理，以德爲體，以常爲宗，以無爲爲本，充其極致乃至於無所不爲。是故歷代君主之治世也，雖以儒術爲尊，而實以道術爲用，非無由也。黃君此書先標原文，次加註釋，繼出語譯，終以韻讀。清儒戴震嘗曰：經之至者道也，所以明道者其詞也，所以成詞者，未有能外小學文字者也。由文字以通乎語言，由語言以通乎古聖賢之心志，譬之適堂壇之必循其階，而不可以躐等。黃君此作，標原文以明其章節，集先賢注釋而以意貫通，明大旨而譯語淺出，籀其韻讀而音節鏗鏘，則已融小學、辭章、義理於一篇，而能循序漸進，學不躐等。余偉君之能融會貫通，亦幸　先師老莊之學，得其傳人，故樂爲之序。而以余所知君之所以成就者，爲世之君子告也。

民國七十五年歲次丙寅十月五日夏曆九月初二日贛縣 陳新雄 序於

臺北市鍥不舍齋

自序

先秦諸子的學說思想，對於中國的政治措施、社會風氣及人民的生活模式，都有過或大或小的影響。但是，影響最大且最久的，要算儒、道兩家。因此，想研究中國文化的人，就不能不由這兩家下工夫。要研究儒家思想，就必須讀四書；要研究道家思想，自是非讀老子、莊子不可。

老子這本書雖然只有五千言，但是它却深深地影響了幾千年來中國人的思想言行，所以歷來研究它的人特別多。在中國而言，註釋它的書已有六百多種；在國外，英譯本就有四十幾種。研究的人既多，意見也就複雜，其中難免有人以己所得，改易老子的本意。於是有人把他看做權謀術數之輩，有人把它當做滑稽亂俗之徒，有人把他誤爲消極遯世，甚至，有人把他濫歸於方仙之道。因此，本書的寫作，是希望採輯各家的正確解說，提供給讀者參考，讓大家對於老子思想有明確的認識。在註釋方面，以河上公、王弼註爲主，並旁參古今中外名家解說。在板本方面，參考朱晴園老子校釋。韻讀方面，以江有誥老子韻讀爲主，並旁參姚文田、鄧廷楨、王念孫、高本漢諸家說法。且於本文之後附語譯，以便初學的人研讀。

古人說，儒家的學說可以處常，道家的道理足以應變。這就是儒、道兩家思想能夠深入人心的主要原因。希望研讀老子書的人，都能從中領悟應變的方法，達到處變不驚的境界。

老子的思想博大精深，想窺其全貌，實在不是一件容易的事，本書如有誤漏的地方，尚請博雅君子不吝指敎，以便做爲日後修訂的參考。

此書承蒙政治大學羅敎務長宗濤題耑，師範大學黃所長錦鋐、陳敎授新雄賜序，在此謹致謝忱。

民國七十六年雙十節　**黃登山**　序於
東吳大學中國文學系

老子釋義　目錄

第一章

道可道，非常道；名可名，非常名㈠。無、名天地之始；有、名萬物之母㈡。故常無，欲以觀其妙；常有，欲以觀其徼㈢。此兩者同出而異名，同謂之玄㈣。玄之又玄，衆妙之門㈤。

【註釋】

㈠**道可道，非常道；名可名，非常名。**

王弼曰：「可道之道，可名之名，指事造形，非其常也。故不可道，不可名也。」

焦竑曰：「常者，恆久不變也。」

案：「道可道，非常道」，第一個「道」是名詞，是指一般的道理。第二個「道」是動詞，是言說、論說的意思。第三個「道」是名詞，是指宇宙的本源，也就是創生天地萬物的總原理或原動力。《韓非子·解老篇》說：「道者萬物之所以然也。」又說：「道者萬物之所以成也。」都在說明道是萬物的本源。陳鼓應先生說：「老子的道有幾種意義：一、構成世界的本體。二、創造宇宙的動力。三、促使萬物運動的規律。四、作爲人類行爲的準則。(《老子今註今譯》)」萬物的本源的道，它是不因時空而有所變化，也就是恆久不變、放諸四海皆準的，老子給它一個專有名詞叫「常道」。老子認爲宇宙事物的變化有一定的通則，凡通則皆可謂之常；常有永久普遍的意思。「名可名，非常名」，第一個「名」是名詞，是指名稱。第二個「名」是動詞，是稱謂、稱說的意思。第三個「名」是名詞，是老子特用的術語，是指道的眞相。管子說：「物固有形，形固有名。」但是老子的道是「無狀無象」、「視之不可見，聽之不可聞，搏之不可得。」（十四章）因此，既不可道，也不可名。只是爲了解說方便不能沒有一個稱謂，所以勉強用一個「道」字來稱呼它。所以老子說：「吾不知其名，強字之曰道，強爲之名曰大。」（二十五章）這段話是說，可以說得出來的道，就不是恆久不變的道；可以稱謂的名，便不是恆久不變的名。

(二)無、名天地之始；有、名萬物之母。

河上公曰：「無名者謂道，道無形故不可名。……有名謂天地，天地有形位，有陰陽，有剛柔，是其有名也。萬物母者，天地含氣生萬物，長大成熟，如母之養子。」

王荊公曰：「無者，萬物之所以生；有者，萬物之所以成。」

羅振玉曰：「景龍、御注、敦煌三本均無二『之』字。」

這兩句話，早在河上公、嚴遵、王弼就已經用「無名」、「有名」作解。王安石首先主張應以「無」、「有」為讀。今從王荊公說法為宜。

案：無、有是指稱道的，是形容道由無形質落實到有形質的過程。四十章說：「天下萬物生於有，有生於無。」正說明無、有二者的先後關係。爲什麼稱道爲「無」呢？因爲，「道之爲物，惟恍惟惚。」（二十一章）「視之不見，聽之不聞，搏之不得。」（十四章）它並非具體的事物，從這一面來看它，可以稱爲「無」。但是老子書中的「無」並不等於零。梁啟超先生說：「老子書中的『無』字，最好作『空』字解，『空』者像一面鏡子，鏡內空無一物，而能照出一切物象，老子說的『無』，正是這個意思。」我認爲梁先生的解釋還不夠透徹。這『無』字，應該是指「無限的生機」。二十一章所說的「其精甚眞，其中有信。」這「精」與「信」，便是「無」的無限生機。正因爲「無」有此無限生機，才能產生天地萬有，才能成爲天地萬有的來源、本始。所以「無」是無限定性，「無」是無限的有。道雖然有「恍恍惚惚」、「不可見、不可聽、不可搏」的一面，可是在恍惚之中，卻「有物」、「有象」（二十一章），能生成具體有形的萬物。所以從一面來看它，又可以稱它爲「有」。

㈢故常無，欲以觀其妙；常有，欲以觀其徼。

李息齋曰：「聖人體真常之道，以出入於有無之間。故妙者，大道也，無也；徼者，大道也，有也。吾欲觀其妙，則與妙同入而歸於無；吾欲觀其徼，則與徼同出而遊於有。」

吳澄曰：「徼者，猶言邊際之處，孟子所謂端是也。」

案：老子認爲道既然包含無、有兩面，就必須從兩面去觀察它，才能了解道的眞諦；否則就會產生偏差。所以常常注意「無」，來觀察道的無形的「微妙玄通，深不可識」（十五章）

的原理。常常注意「有」，來觀察道的有形的跡象。

這兩句話王弼以「無欲」、「有欲」作解，後人也多遵從他的說法。但是「無欲」、「有欲」是在講人生哲學，而本章是在講形而上的道體，所以作「無」、「有」解釋，比較妥當。

㈣**此兩者同出而異名，同謂之玄。**

蘇子由曰：「以形而言，有無信兩矣，安知無運而為有，有復而為無，未嘗不一哉？其名雖異，其本則一。知本一也，則玄矣。」

沈一貫曰：「凡物遠不可見者，其色黝然玄也。大道之妙，非意象形稱之可指，深矣，遠矣，不可極矣，故名之曰玄。」

吳澄曰：「玄者，幽昧不可測知之意。」

案：兩者是指有、無。這句話是說有、無兩者雖然名稱不同，但是都是同樣由道變化出來的，都是同樣的幽暗深遠不可測知。

㈤**玄之又玄，衆妙之門。**

朱謙之曰：「華夏先哲之論宇宙，一氣而已，言其變化不測，則謂之玄。變化不測之極，故能造成天地，化育萬物，而為天地萬物之所由出，鳶飛魚躍，山峙川流，故曰『衆妙之門』。」

案：這句話是承上句來。第一個「玄」指「有」，第二「玄」是指「無」。從幽遠不可測知的「有」，往上追溯到幽遠不可測知的「無」，這就是一切妙理與變化的根源、門戶。吳怡先生說：「衆妙的『妙』，不是道體的妙，而是道用的妙，而是萬物生化不已的妙。」（《新譯老子解義》）

【語譯】

可以說得出來的道，就不是恆久不變的道；可以稱謂的名，便不是恆久不變的名。無、是形成天地的本始；有、是創生萬物的根源。所以要常常注意無，來觀察道的無形的妙理；要常常注意有，來觀察道的有形的跡象。有、無兩者雖然名稱不同，却同樣由道變化出來，一樣的幽遠不測。由幽遠不測的有，追溯到幽遠不測的無，這就是一切妙理與變化的根源、門戶。

【韻讀】

此章江氏韻讀：道、道韻（幽部），名、名韻（耕部），始、母韻（之部，母、滿以反），妙、徼韻（宵部，徼、去聲），玄、門韻（文真通韻，玄、胡均反）。

第二章

天下皆知美之爲美，斯惡已；皆知善之爲善，斯不善已㈠。故有無相生，難易相成㈡，長短相形，高下相傾㈢，音聲相和，前後相隨㈣。是以聖人處無爲之事㈤，行不言之教㈥。萬物作焉而不辭㈦，生而不有，爲而不恃，功成而弗居㈧。夫唯弗居，是以不去㈨。

【註釋】

㈠**天下皆知美之爲美，斯惡已；皆知善之爲善，斯不善已。**

王弼曰：「美者，人心之所進樂也；惡者，人心之所惡疾也。美惡猶喜怒也，善不善猶是非也。喜怒同根，是非同門，故不可得而偏舉也。」

李息齋曰：「人皆知美之為美，而不知惡之名已從美生；人皆知善之為善，而不知不善之名已從善起。」

朱謙之曰：「『皆知』，論語集解義疏作『以知』。『已』蘇轍本、董思靖本並作『矣』。已、矣古通用。說文：『矣，語已詞也，從矢㠯聲。』字亦作已。」

案：吳澄曰：「美惡之名，相因而有。」觀念是在對立關係中形成，在對待關係中彰顯出來。所以當天下人都知道有個美的觀念的時候，相對的就有個惡的觀念產生；都知道有個善的觀念的時候，相對的就有個不善的觀念產生。美醜善惡觀念形成之後，天下必將求美而去惡，趨善而避不善，於是紛爭迭起，詐僞叢生了。事實上，從原理上看，萬物皆由道所產生，所以萬物應該是齊同的；從效能上看，雖形式上有美醜善惡、長短高低、貴賤大小的分別，但各有所能，各效其用，所以也是應該齊同的。

(二)故有無相生，難易相成。

河上公曰：「見有而為無也，見難而為易也。」

李息齋曰：「天下之物，未有無對者，有無之相生，難易之相成，長短之相形，高下之相傾，聲音之相和，前後之相隨，有其一，未有無其二。」

朱謙之曰：「敦煌、遂州、顧歡本均無『故』字。」

案：老子認爲形而上的道是絕對的，永恆的，是一貫的；但是形而下的一切現象都是相對的，變動的。所以有無乃是相對產生的，難易也是相對形成的。

㈢長短相形，高下相傾。

河上公曰：「見短而為長也，見高而為下也。」

嚴可均曰：「『形』，王弼本原作『較』。河上公本、傅奕本及其他古本皆作『形』。畢沅以為：『古無較字。本文以形與傾為韻，不應作較。』劉師培曰：『《淮南子·齊俗訓》：修短相形。疑老子本文作形，與生、成、傾為韻，較乃後人旁注之字，以較釋形，校者因以較易形矣。』」

案：長和短是相對顯現出來的。形，顯現的意思。長和短是相對的，也是變動的。例如，一尺和一寸相比，一尺便顯得長。但是一尺和一丈相比，一尺便顯得短了。高低也是相對的產生傾斜不平的現象。

㈣音聲相和，前後相隨。

朱謙之曰：「『前』敦煌本作『先』，遂州、顧歡、强思齊本均作『先』。」蔣錫昌曰：「老子本書『先』『後』連言，不應於此獨異。如七章『是以聖人後其身而身先』，六十六章『欲先民必以身後之』，六十七章『舍後且先』，皆其證也。」

案：發音與回聲互相應和。和，音ㄏㄜˋ。因爲有發音，才有回聲，所以發音和回聲，也是相對產生的。前後也是相對產生。有前才有後，有後才有前，所以說前後是相對跟隨。

㈤是以聖人處無爲之事。

王弼曰：「自然已足，為則敗也。」

呂吉甫曰：「以常道處事，而事出於無為；以常名行教，而教出於不言。事出於無為，則終日為而未嘗為；教出於不言，則終日言而未嘗言。」

朱謙之曰：「遂州、敦煌本『人』下有『治』字。」

案：聖人是道家最高的理想人物，他與道同體，純任自然，與造物者遊，忘懷生死，虛靜不爭，無欲無爲。

「無爲」乃道家最高境界，是不妄爲的意思，也就是不恣意行事，不孜孜營私，捨棄一己的成見、偏見，一依天地自然的法理而行的意思。如夏禹治水，行所無事。

㈥行不言之教。

河上公曰：「以身師導之也。」

荀子不苟篇：「天不言而人推高焉，地不言而人推厚焉，四時不言而百姓期焉。」

案：所謂不言，就是不妄言。教化人民，不在乎教條政令的有形督導，而是在於潛移默化的無形引導。因爲老子認爲「其政悶悶，其民淳淳；其政察察，其民缺缺。」（第五十八章）事實上，理到極處，均非言語所能形容；惟視其自己領悟，深者得其深，淺者得其淺，要不失爲自己心得。

㈦萬物作焉而不辭。

河上公曰：「各自動作也，不辭謝而逆止。」

王弼曰：「智慧自備，為則僞也。」

畢沅曰：「河上公本、王弼本並作『萬物作焉而不辭。』陸希聲及太平御覽引皆無『焉』字。」

朱謙之曰：「『不辭』，王弼本作『不為始』。易順鼎曰：『考十七章王注云：『大人在上，居無為之事，行不言之教，萬物作焉而不為始』數語，是王本作『不為始』之證。』」

案：萬物與作於天地之間，而不加以主宰。辭、詞古通用，詞卽司，有主宰的意思。

㈧生而不有，爲而不恃，功成而弗居。

河上公曰：「元氣生萬物而不有，道所施為不恃望其報也，功成事就退避不居其位。」

羅振玉曰：「『生而不有』，敦煌本無此句。『功成而弗居』作『功成不處』。」

嚴可均曰：「御注王弼作『功成不居』，河上公作『功成而弗居』。」

案：生長萬物，而不據爲己有；有所作爲，而不自恃其能；有所成就，而不居功居名。老莊之道，最有功於世道人心者，便是這幾句話。因爲他們認爲「天地與我並生，萬物與我爲一」，天地萬物是大我，我不過是大我中的一部份，爲大我勞動，也是爲自己勞動，所以就不應該有所責報。這種藝術化的人生觀，也就是梁啟超先生所說的「爲勞動而勞動，爲生活而生活，也可以說是勞動的藝術化，生活的藝術化。」

㈨**夫唯不居，是以不去。**

河上公曰：「夫惟功成不居其位，福德常在不去其身也。」

王弼曰：「使功在己，則功不可久也。」

羅振玉曰：「『夫唯弗居』，景龍、御注二本『弗』均作『不』。敦煌本作『不處』。」

案：只因不居功、不居名，他的功名反而不朽、不磨滅。呂吉甫說：「夫有居則有去，在己無居，夫將安去哉?」正是此意。孔子認爲人有利己與利他的兩種衝動，所以他說：「夫仁者，己欲立而立人，己欲達而達人」。(《論語・雍也篇》)英國哲學家羅素(Russell)認爲人類本能有兩種衝動，一是佔有的衝動，一是創造的衝動。他說老子的「生而不有，爲而不恃，長而不宰」，是專提倡創造的衝動，所以老子的哲學，是最高尚而且最有益的哲學。弗居，就是不有、不恃、不宰；也就是《莊子》的「至人無己，神人無功，聖人無名」。(〈逍遙遊篇〉)人類社會爭端的根源、就在人人擴張佔有欲，老子盡力在闡揚不有不居的精神，爲的是要消弭這種佔有欲。

【語譯】

當天下的人都知道美之所以為美，醜惡的觀念便相對地產生了；當天下人都知道善之所以為善，不善的觀念便相對地產生了。所以有和無是相對產生，難和易相對形成，長和短相對顯現，高和低相對造成傾斜，發音和回聲相對應和，前和後相對跟隨。所以聖人用順應自然的無為的態度來處理世事，用潛移默化的不言的方法來教導萬民。任憑萬物興作，卻不主宰；生長萬物，却不佔為己有；作育萬物，却不自恃其能；成就萬物，却不自居其功。只因他不自居其功，所以他的功名才不會磨滅。

【韻讀】

此章江氏韻讀：生、成、形、傾韻（耕部），和、隨韻（歌部，「隨」徐禾反），事、敎、辭、有、恃韻（之、宵合韻，敎叶音記，辭去聲，有音以），居、居、去韻（魚部，去平聲）。

第三章

不尚賢，使民不爭㈠；不貴難得之貨，使民不爲盜㈡；不見可欲，使民心不亂㈢。是以聖人之治，虛其心，實其腹，弱其志，強其骨㈣。常使民無知無欲，使夫知者不敢爲也㈤。爲無爲，則無不治㈥。

【註　釋】

㈠**不尚賢，使民不爭。**

河上公曰：「賢，謂世俗之賢。辯口明文，離道行權，去質為文也。不尚賢，不貴之以祿，不貴之以官。不爭功名，返自然也。」

蘇子由曰：「尚賢，則民恥於不若而至於爭。」

羅振玉曰：「敦煌本作『不上賢』。」

朱謙之曰：「遂州本『民』作『人』，下句同。」

案：老子認爲所謂「賢」，不過是某種環境下適用，換一個環境，則所謂賢者往往不賢，所謂不賢又或賢了。因此治國者不必强分賢愚，貴賢賤愚，以免百姓爲爭賢名而詐僞叢生，導致社會的混亂。

㈡不貴難得之貨，使民不爲盜。

河上公曰：「言人君不御好珍寶，黃金棄於山，珠玉捐於淵。上化清靜，下無貪人。」

蘇子由曰：「貴難得之貨，則民病於無有而至於盜。」

朱謙之曰：「遂州、敦煌、御注本『盜』上均無『爲』字。」

案：老子認爲萬物是齊等的，無所謂高低之分，貴賤之別。因爲從源頭上看，萬物皆由同樣的原質構成，由原質變爲萬物，再由萬物回歸原質，其原質總是不變的。又從效能上看，雖外形上有大小高低的不同，美惡長短的差別，但各有所能，各效其用，如四肢、五官各司其職，缺一不可，既然各有其用，如何分別其貴賤呢？而世俗之所以有貴賤，乃是暫定的標準，而非永恆；換一個時代，換一個空間，貴者變爲賤，賤者變爲貴了。所以莊子說：「物無貴賤，因其所貴而貴之，物無不貴；因其所賤而賤之，物無不賤也。」因此治國者不要妄分貴賤，以免百姓起盜心。

㈢不見可欲，使民心不亂。

呂吉甫曰：「君子之所欲者賢也，小人之所欲者貨也，我皆不見其可欲，則心不亂矣。」

釋憨山曰：「所以好名好利者，因見名利之可欲也。……若在上者苟不見名利有可欲，則民各安其志，而心不亂矣。」

畢沅曰：「河上公作『使心不亂』，無『民』字。」

案：可欲是名與利。名是指賢能之名，利是指財貨之利。在位者如果不表現名利的可欲，不尚賢，不貴難得之貨，人民自然各安其志而心不亂了。所以孟子說：「養心莫善於寡欲。」（〈盡心篇〉）

㈣是以聖人之治，虛其心，實其腹，弱其志，强其骨。

河上公曰：「聖人治國與治身同也。除嗜欲，去煩亂，懷道抱一，去五神也；和柔謙讓，不處權也；愛精重施，髓滿身强。」

王弼曰：「心懷智而腹懷食，虛有智而實無智也。骨無智以幹，志生事以亂。」

憨山曰：「小人難鳴而起，孳孳為利；君子難鳴而起，孳孳為名，此强志也。」又說：「不起奔競之志，其志自弱，故曰弱其志。」

案：老子認爲名位財貨的爭逐，於是虛僞巧詐便層出不窮，這便是社會混亂，人與人衝突的主要原因。其解決的方法，便是要使人民生活安飽，身體强健；另一方面要淨化人民的心思，柔弱人民的意志。所謂「甘其食，美其服，安其居，樂其俗」，「少私寡欲」，「復歸於嬰兒」一般的純眞。所以克制欲望以不妨害人的生存爲限，也就是要達到「實其腹，強其骨」的標準。

㈤**常使民無知無欲，使夫知者不敢爲也。**

河上公曰：「反樸守淳，思慮深，不輕言。」

嚴靈峰曰：「民無智則不尚賢也，無欲則不貴貨也。……民既無智無欲，則智巧者亦無所施其伎倆矣。」

羅振玉曰：「御注本避諱作『人』。」

案：無知無欲，王弼註：「守其眞也。」就是固守心靈的純眞。知者不敢爲也，范應元說：「智巧之人，不敢妄爲也。」所謂智者，是指好用小聰明的人，也就是孔子所說的「好行小慧者」。老子並不反對智慧，但是他要大家崇尚自然無爲，行所無事的大智，而不是虛僞巧詐，會討便宜的小智。也就是移山愚公的大智，而不是河曲智叟的小智。無知，故無欲；無欲，故無爲。三者實爲一貫之道。

㈥**爲無爲，則無不治。**

河上公曰：「不造作，動因循，德化厚，百姓安。」

嚴可均曰：「景龍本缺『為無為』三字。」

案：所謂「爲無爲」，就是凡事要依循自然法則去做，自然能達到物各遂其長，人各得其所的境界。五十七章說「我無爲而民自化，我好靜而民自正，我無事而民自富，我無欲而民自樸」，正是這句話的意思。

【語　譯】

名位財貨是造成社會混亂，人類衝突的主要原因。所以如果治國者不崇尚賢名，可以使人民不起爭奪心；不珍貴難得的財貨，可使人民不為竊盜；不顯現名利的可愛，可以使人民的心志不被惑亂。因此聖人為政的原則，就是要淨化人民的心思，以免妄生是非；飽足人民的腹肚，以免衣食不足而變節；使人民意志柔弱，以免剛愎自用；使人民骨格強健，能努力工作。使人民永遠不妄用虛偽欺詐的小智慧，不起不必要的貪欲。這樣一來，縱使有詭計多端的陰謀家，也無從玩弄他的伎倆了。能遵循自然法則來治國的人，就沒有治不好的。

【韻　讀】

此章韻讀：江氏無韻。朱謙之以賢、爭爲韻，高本漢以腹、骨、欲爲韻，陳柱以爲、治爲韻。

第四章

道沖，而用之或不盈㈠。淵兮似萬物之宗㈡。挫其銳，解其紛，和其光，同其塵㈢。湛兮似或存㈣。吾不知誰之子，象帝之先㈤。

【註釋】

㈠**道沖，而用之或不盈。**

河上公曰：「沖，中也。道匿名藏譽，其用在中。或，常也。道常謙虛，不盈滿。」

焦竑曰：「沖本作盅，器之虛也。」

高亨曰：「盈，當讀為逞，左傳襄公廿五年傳：『不可億逞』，杜注：『逞，盡也』。盈、逞古通用。左傳昭公四年傳：『逞其心以厚其毒』，新序善謀篇引『逞』作『盈』。」

羅振玉曰：「『或不盈』，景龍本作『久不盈』。」

朱謙之曰：「『沖』傅奕本作『盅』，『盅』即『沖』之古文。」

案：老子的道是包含形而上的精微虛無的玄理，與形而下的具體實有的事物。從本體上說，道是「視之不見，聽之不聞，搏之不得」無形（方圓、大小），無量（長短、多少）的玄理；從作用上說，道可以永恒無盡地成就一切有形有量的事物。六章的「用之不勤」，三十五章的「用之不可既」，四十五章的「大盈若沖，其用不窮」，和這段話的意思相同。

㈡**淵兮似萬物之宗。**

河上公曰：「道淵深不可知也，似為萬物之宗祖。」

釋憨山曰：「道體淵深寂寞，其實能發育萬物，而為萬物所依歸。但生而不有，為而不宰，故曰似萬物之宗。」

勞健曰：「景龍本作『深乎萬物宗』，當是唐人避諱改『淵』作『深』。」

案：這段話是說道是微妙玄通，深不可識，它能發育萬物，而爲萬物所依歸。所謂「衣養萬物而不爲主，可名於小；萬物歸焉而不爲主，可名爲大」（三十四章）的意思。所以老子說，它是這樣地深廣，好像是萬物的宗祖。

㈢**挫其銳，解其紛，和其光，同其塵。**

案：這四句是五十六章錯簡重出，因上句「淵兮似萬物之宗」與下句「湛兮似或存」文義連貫，所以應當刪去。

㈣**湛兮似或存。**

河上公註：「湛然安靜，故能長存不亡。」湛然，深暗不可見的樣子。

蘇子由說：「雖存而人莫之識，故曰似或存耳。」

嚴可均說：「河上公本作『湛兮似若存』。」

羅振玉說：「景龍、御注二本均作『湛常存』，敦煌本作『湛似常存』。」

王昶說：「邢州本作『湛似或存』。」

案：這句話是說道是微妙玄通，深不可識，所以用「湛兮」來形容它。可是它發育萬物，有具體的形像可見，所以用「似或存」來形容它。二十一章所說「道之爲物，唯恍唯忽，忽兮恍兮，其中有象，恍兮忽兮，其中有物」也就是這句話的意思。

㈤**吾不知誰之子，象帝之先。**

河上公曰：「老子言我不知道所從生，道似在天帝之前，此言道乃先天地生也。」

王弼曰：「天地莫能及之，不亦似帝之先乎？帝，天帝也。」

羅振玉曰：「景龍、御注、敦煌三本均無上『之』字。」

案：各家論宇宙，往往以天地爲標準，但是由道家看來，已是第二、三義了。老子認爲道的起源甚早，沒有人能了解它，所以他說「迎之不見其首」（十四章）。但是好像在有天帝以前就有它了。《莊子·大宗師篇》說：「自本自根，未有天地，自古以固存。神鬼神帝，生天生地」，正是這句話的意思。老子這個理論打破了神造萬物的說法。

【語　譯】

道的本體是虛空、虛無的，然而它的作用却沒有窮盡。它是這樣地微妙玄通，深不可識，且能生化萬物，好像是萬物的宗祖。它是這樣地幽隱無形，好像是不存在却又實存。我不知道它是從那裏產生的，好像是有天地以前就有它了。

【韻　讀】

此章江氏韻讀：存、先韻（文部，「先」思殷反）。

第五章

天地不仁，以萬物爲芻狗㈠；聖人不仁，以百姓爲芻狗㈡。天地之間，其猶橐籥乎！虛而不屈，動而愈出㈢。多言數窮，不如守中㈣。

【註釋】

㈠**天地不仁，以萬物爲芻狗。**

王弼曰：「天地任自然，無為無造，萬物自相治理，故不仁也。」

蘇轍曰：「天地無私，而聽萬物之自然。故萬物自生自死，死非吾虐之，生非吾仁之也。譬如結芻以為狗，設之於祭祀，盡飾以奉之，夫豈愛之，時適然也。旣事而棄之，行者踐之，夫豈惡之，亦適然也。」

《淮南·齊俗訓》高誘注：「芻狗，束芻為狗，以謝過求福。」

朱謙之曰：「遂州本『芻』作『蒭』。」李文仲《字鑑》曰：「俗又加草非。」

案：芻狗，用草紮成的狗，祭祀時用它，祭完後便拋棄。老子以爲天地只是個物理的，自然的存在，沒有人類所具有的意志與感情，因此天地無心於愛物，只是任憑萬物自生自成，對於萬物和芻狗一樣，一視同仁，無所偏愛。所以老子的天是科學的天。老子的宇宙論是屬「無情的宇宙觀」，和宗教家的「有情的宇宙觀」是不同的。

(二)聖人不仁，以百姓爲芻狗。

王弼曰：「聖人與天地合其德，以百姓比芻狗也。」

蘇子由曰：「聖人之與民亦然，特無以害之，則民全其性，死生得喪，吾無與焉，雖未嘗仁之，而仁亦大矣。」

吳澄曰：「聖人之心虛，而無所倚著，若有心於愛民，則心不虛矣。」

案：聖人體合天道，虛心（心無成見）應物，對於百姓一視同仁，不特別以某人爲可貴可愛。也就是莊子庚桑楚「至仁無親」，齊物論「大仁不仁」的意思。

(三)天地之間，其猶橐籥乎！虛而不屈，動而愈出。

王弼曰：「橐，排橐也。籥，樂籥也。橐籥之中空洞，無情無僞，故虛而不得窮屈，動而不可竭盡也。天地之中，蕩然任自然，故不可得而窮，猶若橐籥。」

吳澄曰：「『橐籥』，冶鑄所以吹風熾火之器也，爲函以周罩於外者，橐也；爲轄以鼓扇於內者，籥也。天地間猶橐籥者，橐像太虛，包含周徧之體；籥像元氣，絪緼流行之用。」

不屈，淮南子原道訓：「用不屈兮。」高誘注：「屈，竭也。」嚴可均曰：「景龍本『槖籥』下無『乎』字。『不屈』王弼、顧歡本作『不掘』。」

朱謙之曰：「『愈』傅奕、范應元本均作『兪』。」

案：風箱內部空虛，却能生風不已。天地之間也是廓然空虛，而能包容並蓄，化生萬物，無窮無竭，所以用風箱來比喻天地。

㈣多言數窮，不如守中。

河上公曰：「多事害神，多言害身，口開舌舉，必有禍患。不如守德於中，養育精神，愛氣希言。」

王弼曰：「槖籥而守數中，則無窮盡。棄己任物，則莫不理。若槖籥有意於為聲也，則不足以共吹者之求也。」

嚴靈峯曰：「『中』疑係『沖』之缺壞，失去『氵』旁，校者不察，遂改為『中』。蓋『守中』乃儒家之言，非老子本旨。」

朱謙之曰：「敦煌、遂州二本『中』作『忠』。『多言』遂州本作『多聞』。」

案：這段話是說「守沖」的好處。因爲一個人不該說的話說多了，就會屢次遭到理盡辭窮的境況；所以不如固守虛靜無爲，如風箱一般，動靜都順乎自然。

【語譯】

天地不偏不私，把萬物當芻狗一樣地看待，任憑萬物自然成長，而不施以好惡的感情；聖人效法天地之道，把百姓當芻狗一樣地看待，任憑百姓盡性發展，而不加以干涉。天地之間，它就好像一具風箱啊！看似空虛，但生化萬物却永不窮竭，正像風箱，愈抽動風氣就愈出來。不該說的話說多了，就會屢次理盡辭窮；所以不如固守虛靜無為，如風箱一般，動靜都順乎自然。

【韻讀】

此章江氏韻讀：屈、出韻（脂部），窮、中韻（中部）。

第六章

谷神不死，是謂玄牝㈠。玄牝之門，是謂天地根㈡。綿綿若存，用之不勤㈢。

【註釋】

㈠**谷神不死，是謂玄牝。**

司馬光曰：「中虛故曰谷，不測故曰神，天地有窮而道無窮，故曰不死。」

蘇子由曰：「謂之谷神，言其德也；謂之玄牝，言其功也。牝生萬物，而謂之玄者，言見其生之而不見其所以生也。」

焦竑曰：「牝能生物，猶前章所謂母也，謂之玄，此亦幽深不測之意。」

陸德明曰：「谷，河上本作浴；浴，養也。」俞樾曰：「河上本『浴』字當讀為『穀』。《詩·蓼莪》『民莫不穀』，毛傳云：『穀，養也。』」洪适隸釋載老子銘云：「『或有浴神不死』，蓋谷為穀之叚借，浴又為谷之叚借也。」

案：本章用「谷」來形容道體的虛無，用「神」來形容功能的神妙。惟其虛無，所以能包容萬物；惟其神妙，所以能化育萬物。天地由道創造，萬物由道生育，所以稱得起「玄牝」之名了。

(二)玄牝之門，是謂天地根。

蘇子由曰：「玄牝之門，言萬物自是出也。天地根，言天地自是生也。」

釋憨山曰：「門，卽出入之樞機。謂道為樞機，萬物皆出於機，入於機，故曰：『玄牝之門，是謂天地根。』」

朱謙之曰：「景龍本作『玄牝門，天地根』，無『之』與『是謂』字。」

案：此處「玄牝之門」、「天地之根」都是說明「道」是天地萬物產生的根源。

(三)綿綿若存，用之不勤。

蘇子由曰：「綿綿，微而不絕也。若存，存而不可見也。能如是，雖終日用之而不勞矣。」

高亨曰：「勤，盡也。《淮南子·原道篇》：『纖微而不可勤』，高注：『勤，盡也。』」

朱謙之曰：「『綿綿』下，景福本有『兮』字，室町本有『乎』字。」又曰「『勤』字，敦煌本、室町本作『懃』。」

案：老子書中的「虛而不屈，動而愈出」，「用之不可既」與本章「用之不勤」都是用來比喻道用的無窮。

【語譯】

大道的體性與功能是虛無恬淡、神妙莫測，永恆無窮的，所以稱做「玄牝」。「玄牝」的門戶，就是天地的根源。他是幽隱精微，若存若亡，永存不絕；愈動愈出，永無窮盡。

【韻讀】

此章江氏韻讀：死、牝韻，（脂部，牝音匕。）門、根、存、勤韻（文部）。

第七章

天長地久㈠，天地所以能長且久者，以其不自生，故能長生㈡。是以聖人後其身而身先，外其身而身存。非以其無私邪？故能成其私㈢。

【註　釋】

㈠**天長地久。**

河上公曰：「謂天地長生久壽，以喻教人也。」

嚴可均曰：「遂州本作『天地長久』。」

案：從空間上說，天地是最長遠的；從時間上說，天地是最悠久的。

㈡**天地所以能長且久者，以其不自生，故能長生。**

河上公曰：「天地所以獨長且久者，以其安靜，施不求報，不如人居處，汲汲求自饒之利，奪人以自與。以其不求生，故能長生不終也。」

王弼曰：「自生則與物爭，不自生則物歸也。」
嚴可均曰：「景龍本『長且久者』作『長久者』，無『且』字。」
朱謙之曰：「『故能長生』景龍本作『長久』。」

案：「長久」是老子哲學的基本問題，也是老子的理想。第二章的「不去」、第五章的「不屈」、第六章的「不死」、第九章的「長保」、第十六章的「道乃久」、第二十二章的「不自矜故長」、第二十三章的「不失其所者久」都和這個問題有關係。天地之所以能長且久，是因爲他不自覺其生，不自營其生。不自覺其生，則必無心；不自營其生，則必無爲。無心無爲，才能「順帝之則」，這便是天地所以長生的原因。

㈢是以聖人後其身而身先，外其身而身存。非以其無私邪？故能成其私。

河上公曰：「後其身，先人而後己者也。天下敬之，先以為官長。外其身，薄己而厚人也。百姓愛之如父母，神明祐之若赤子，故身常存。……人所以為私者，欲以厚己也。聖人無私，而己自厚，故能成其私也。」
王弼曰：「無私者，無為於身也。身先身存，故曰能成其私也。」
嚴可均曰：「『非以其無私邪』，景龍本作『以其無私』。」

案：自然與人生是兩個對立的概念。人類對於生命的短暫與渺小，常有無限的感慨（寄蜉蝣於天地，渺滄海之一粟），因此對於永恒與無窮的大自然便產生羨慕的心理（哀吾生之須臾，羨長江之無窮）；由於這種羨慕心理，便產生了「法天」思想（惟天爲大，惟堯則之）。誰能效法天，做得同天一樣的偉大，大家就稱他爲「齊天大聖」。所以，聖人體會到天地之爲何能長且久的道理，就在於他的無心無爲。於是便效法這種無心無爲、無知無欲的態度來處事待人。所謂無心無爲，無知無欲，便是「忘我」的境界。「忘我」的境界，老子稱之爲「無身」，莊子稱之爲「喪我」、「去己」，孔子稱之爲「毋我」。「忘我」就是不自私，能不自私才能「後其身」、「外其身」；能「後其身」、「外其身」才能「身先」、「身存」，才能「成其私」。「後其身而身先」便是八十一章所說的「既已爲人而己愈有」；「外其身而身存」便是「既已與人而己愈多」的意思。「己愈有」、「己愈多」就是「成其私」。

這一章的主旨，在談論道的活動原則與修德的工夫。道的活動原則是「物極必返」，「往復循環」，也就是「反者道之動」的意思。修德的工夫，在於「損」而不在於「益」，所以說「爲道日損」；在於「與」而不在於「取」，所以說「既以與人而己愈多」。老子的這段理論與海格爾的理論正不謀而合。海格爾認爲歷史的進化，常經「正」、「反」、「合」三階段。一事物發展到極點必變而爲其反面，即由「正」而「反」。「後其身而身先」，「外其身而身存」便是這種道理。所以常處於「合」，才能「歿身不殆」。

【語譯】

從空間上來說，天地是最長遠的；從時間上來說，天地是最悠久的。天地為何能夠長遠和悠久的原因，是因為他不自覺其生，不自營其生，所以反而能長久生存。因此，聖人效法天地不自生的精神，把自己的利益擺在衆人之後，結果反而得到衆人的擁戴；把自己的生存置之度外，結果反而保全了自己的生命。這豈不是由於他的不自私嗎？結果反而成就了他自己。

【韻讀】

此章韻讀，江氏無韻。陳柱以爲：生、生韻，先、存、私韻。「私」字音變與「先」爲韻，猶「西施」又作「先施」。

第八章

上善若水。水善利萬物而不爭，處衆人之所惡，故幾於道(一)。居善地(二)，心善淵(三)，與善仁(四)，言善信(五)，正善治(六)，事善能(七)，動善時(八)。夫唯不爭，故無尤(九)。

【註釋】

(一)**上善若水。水善利萬物而不爭，處衆人之所惡，故幾於道。**

河上公曰：「上善之人，如水之性。水在天為霧露，在地為泉源也。衆人惡卑濕垢濁，水獨靜流居之也。水性幾與道同。」

吳澄曰：「上善若水者，蓋水之善，以其灌溉浣濯，有利萬物之功，而不爭處高潔，乃處衆人所惡卑污之地，故幾於有道者之善也。」

嚴可均曰：「『而不爭』景龍本作『又不爭』。」

朱謙之曰：「『處』傅奕、范應元本作『居』。」

案：惡，音ㄨˋ，厭惡的意思。幾，音ㄐㄧ，接近的意思。

水作爲清潔污穢的象徵，乃古今中外共通的文學象徵。詩經以水爲禮的象徵。由水的清濁，象徵政治的治亂，禮的興壞。老子認爲水有滋潤萬物之功，柔順服從之美德，居卑處下之特性；這些德性正和體道的聖人一樣，也最接近於道。古人每每喜歡用水來譬喻道。如《管子·水地篇》：「地者萬物之本原，諸生之根基也。水者，地之血脈，如筋脈之通流也。」《淮南子》：「天下之物，莫柔弱於水，然而大不可極，深不可測，修極於無窮，遠論於無涯，息耗減益，通於不訾。上天則爲雨露，下地則爲潤澤，萬物弗得不生，百事不得不成，大包群生，而無所私，澤及蚑蟯，而不求報，富贍天下而不既，德性百姓而不費。」孟子也說：「原泉混混，不舍晝夜，盈科而後進，放乎四海，有本者如是。」

(二)居善地。

河上公曰：「水性善喜於地，在草木之上，即流而下，有似於牝動而下人也。」

蘇子由曰：「避高趨下，未嘗有所逆，善地也。」

案：老子說：「處衆人之所惡，故幾於道」（八章），又說：「江海之所以能爲百谷王者，以其善下之」。所謂「處衆人之所惡」、「善下」都是指水趨下避高的謙卑的德性，以喻聖人立身處世，謙退下人的美德。但是他所居處的地位雖是卑下，却是將來登高的基礎，所以老子認爲這才是眞正的至善之地。

㈢**心善淵。**

河上公曰：「水性空虛，淵深清明。」

蘇子由曰：「空虛靜默，深不可識，善淵也。」

薛蕙曰：「藏心微妙，深不可測，善淵也。」

案：荀子解蔽篇曰：「虛一而靜，謂之大清明」，莊子在宥篇：「其居也淵而靜」，淵卽深淵，用來形容靜而深的意思。水常停聚於寧靜的深淵，以喻體道的聖人心靈虛靜深沈，微妙玄通，深不可識。

㈣**與善仁。**

河上公曰：「萬物得水以生，與虛，不與盈也。」

蘇子由曰：「利澤萬物，施而不求報，善仁也。」

薛蕙曰：「其施兼愛而無私，善仁也。」

嚴可均曰：「『善人』各本作『善仁』，人、仁古字通。」

案：水滋潤萬物，施與萬物，故有至善的仁德，以喻體道的聖人能愛護萬物，而不望其報。

㈤**言善信。**

河上公曰：「水內影照形，不失其情也。」

蘇子由曰：「圓必旋，方必折，塞必止，決必流，善信也。」
薛蕙曰：「其言而有徵而不爽，善信也。」
案：水鑒照萬物，能使萬物無所遁形，絕無虛僞不實之情，以喻體道的聖人的言論，也是至誠至信，絕不虛假。八十一章說：「信言不美，美言不信」，正是這句話的意思。

㈥**正善治**。
河上公曰：「無有不洗清且平也。」
蘇子由曰：「洗滌群穢，平準高下，善治也。」
薛蕙曰：「治國則清靜自正，善治也。」
紀昀曰：「永樂大典『正』作『政』，古字通。」
案：水能滌除萬物的塵垢，使天地恢復清新面目，以喻聖人爲政，能除舊佈新，使人人端正，天下清平。《論語·顏淵篇》說：「政者，正也。」施政的目的，在正人之所不正。老子說：「我好靜而民自正」（五十七章），正是這句話的意思。

㈦**事善能**。
河上公曰：「能方能圓，曲直隨形。」
蘇子由曰：「遇物賦形，而不留於一，善能也。」

呂吉甫曰：「天下莫柔弱於水，而攻堅强者莫之能先，故以事則善能。」

案：水能柔能剛，能高能卑，能方能圓，擁有至善之性能，以喻體道聖人處事，能因循自然，無知無欲，善化萬民。事是動詞，處事的意思。

(八)**動善時。**

河上公曰：「夏散冬凝，應期而動，不失天時。」

蘇子由曰：「冬凝春泮，涸溢不失節，善時也。」

呂吉甫曰：「原泉混混，不舍晝夜，盈科而後進，放乎四海，故以動則善時。」

案：水的運動變化，冬凝春泮，夏涸秋溢，都能順乎時勢，發乎自然，不失其節，以喻體道聖人，能「與時推移，應物變化，立俗施事，無所不宜。」

(九)**夫唯不爭，故無尤。**

河上公曰：「壅之則止，決之則流，聽從人也，水性如是，故天下無有怨尤水者也。」

李宏甫曰：「衆人處上，彼獨處下；衆人處高，彼獨處卑；衆人處易，彼獨處險；衆人處順，彼獨處逆；衆人處潔，彼獨處穢：所處盡處衆人之所惡，夫誰與之爭乎？不爭則無尤矣！此所以為上善也。」

朱謙之曰：「『尤』字下傅奕本有『矣』字。」

案：水能潤澤萬物而不與萬物相爭，體道聖人能利及萬民而不與萬物爭功爭名爭利，所以不會有人怨尤他。

【語譯】

體道的聖人好像水一樣。水善於滋潤萬物而不和萬物相爭。居處於衆人所厭惡的卑下地方，所以最接近於道。他居處於至善的地位；他的心靈虛靜深沈，善鑑萬物；他與物交接，能佈施仁德，愛護萬物；他的言論至誠至信，絕不虛假；他的為政能除舊佈新，使天下清平；他的處事能因循自然，無知無欲，善化萬民；他的行動能與時推移，應物變化，立俗施事，無所不宜。只因為他不和萬物相爭，所以不會有人怨尤他。

【韻讀】

此章江氏韻讀：淵、信韻，（真部，案「信」古惟讀平聲，至漢人乃間讀去聲。）治、能、尤韻（之部，「能」奴其反，「尤」音怡。）

第九章

持而盈之，不如其已㈠。揣而銳之，不可長保㈡。金玉滿堂，莫之能守㈢。富貴而驕，自遺其咎㈣。功遂身退，天之道㈤。

【註　釋】

㈠**持而盈之，不如其已。**

河上公曰：「盈，滿也。已，止也。持滿必傾，不如止也。」「不如其已」，景龍本作「不若其以」，已、以古通。

案：此處是拿水做譬喻，當水盈滿的時候，必定傾溢；同樣的道理，自滿自驕的人，必將失敗；所以不如適可而止，以求安泰。

《荀子‧宥坐篇》：「孔子觀於魯桓公之廟，有欹器焉。弟子挹水而注之，中而正，滿而覆，虛而欹。孔子喟然而歎曰：『吁！惡有滿而不覆者哉！』」孔子的感嘆，就是自滿自驕的人，沒有不覆敗的。

㈡揣而銳之，不可長保。

王弼曰：「旣揣末令尖，又銳之令利，勢必摧衄。」衄，音ㄋㄧㄡˋ，挫敗的意思。

孫詒讓曰：「『揣』當讀為『捶』，《淮南子·道應訓》云：『大馬之捶鉤者』，高注云：『捶，鍛擊也。』蓋『揣』與『捶』聲轉字通也。」是揣有捶擊的意思。

嚴可均說：「『銳』，王弼本作『梲』，『保』邢州本作『寶』。」

朱謙之說：「『揣而銳之』，傅奕本作『敚而梲之』，王弼以『梲』為『銳』之假借字。」

案：此處拿物體作譬喻，一切物體如果捶擊得過份銳利，必定折斷；同樣的道理，喜歡顯露鋒芒的人，必遭挫敗。

㈢金玉滿堂，莫之能守。

嚴幾道曰：「金玉滿堂，卽持而盈之。」

朱謙之說：「『堂』，王弼本、釋文本、嚴君平本皆作『室』。」

案：這兩句是承上文「持而盈之，不如其已」而言。也就是四十四章「多藏必厚亡」的意思。

㈣富貴而驕，自遺其咎。

嚴幾道曰：「富貴而驕，卽揣而銳之。」

嚴可均說：「『而驕』，御注作『而憍』。」

朱謙之說：「『自遺其咎』治要作『還自遺咎』，室町本作『還自遺其咎』。」

案：這兩句是承上文「揣而銳之，不可長保」而言。

老子戒滿、戒驕、戒銳，乃達無爲而治的心理建設。

㈤功成身退，天之道。

河上公曰：「言人所為，功成事立，名迹稱遂，不退身避位，則遇於害，此乃天之常道也。譬如日中則移，月滿則虧，物盛則衰，樂極則哀。」

王弼曰：「四時更運，功成則移。」

劉師立曰：「功成名遂必危，在乎知止而不失其正，此言深欲救人，謂非必處山林、絕人事，然後可以入道，雖居功名富貴之域，皆可勤而行之。」

嚴可均說：「傅奕本作『成名、功遂、身退』，邢州本作『名成、功遂、身退』。」

羅振玉說：「景龍、御注、景福本均作『功成、名遂、身退』，景福本『道』下有『也』字。」

案：此句乃總結上文，是這一章的主旨。因爲吾人立身行世，既不可驕傲自滿，更不可鋒芒太露，應當謙卑爲懷，沖虛爲用。當功業成就的時候，更須謙退收斂，不應驕矜自得，這才合乎自然的法則。也就是三十二章所說：「名亦既有，夫亦將知止，知止可以不殆。」「身退」，一般註解都解爲引身而去，退居山林。愚以爲當解爲謙退收斂，不躊躇滿志。孔子先人正考父鼎銘說：「一命而僂，再命而傴，三命而俯，循牆而走，亦莫余敢侮，饘於是，粥於是，以餬余口。」這段銘文是「身退」的最好說明。王眞說：「身退者非謂必使其退位而去也，但欲其功成而不有之耳。」（《道德經論兵要義述》）正是這個意思。

【語譯】

執持盈滿，必遭傾覆，不如適可而止，以求安泰；鋒芒銳利，不可保持長久；金玉滿堂，無法永久守藏；富貴而驕，將給自己帶來禍患。所以當功成業就的時候，應該謙退收斂，這才合乎自然的法則。

【韻讀】

此章江氏韻讀：已、保、守、咎、道韻（之幽通韻，已叶音酉）。

第十章

載營魄抱一，能無離乎㈠？專氣致柔，能如嬰兒乎㈡？滌除玄覽，能無疵乎㈢？愛民治國，能無爲乎㈣？天門開闔，能爲雌乎㈤？明白四達，能無知乎㈥？生之畜之，生而不有，爲而不恃，長而不宰，是謂玄德㈦。

【註釋】

㈠**載營魄抱一，能無離乎？**

河上公曰：「營魄，魂魄也。……故魂清志道不亂，魄安得壽延年也。」

陸希聲曰：「載，猶夫也。發語之端也。」張默生曰：「如詩經中『載笑載言』的『載』字，和『夫』字的用法差不多。」

范應元曰：「營魄，魂魄也。內觀經曰：『動以營身謂之魂，靜以鎮形謂之魄。』」

李息齋曰：「魄者，人之陽；魄者，人之陰。」

朱謙之曰：「『載營魄抱一』，是以陰魄守陽魂也。抱如雞抱卵。一者，氣也，魂也。抱一則以血肉之軀，守氣而不使散洩，如是則神與靈合，魄與魂合，抱神以靜，故曰『能無離乎』？」

羅振玉曰：「景龍、御注、敦煌乙、丙、英倫諸本，『能無離』下皆無『乎』字。」下五句同。

案：老子二十二章「是以聖人抱一爲天下式」，三十九章「古之得一者」之「一」字，皆指道而言。所以此句當解爲靈魂與軀體能使它合爲一體，永不分離，而合於道嗎？郭忠恕佩觿云：「老子上卷，改載爲哉」，注引玄宗詔改，載、哉古通。

㈡專氣致柔，能如嬰兒乎？

河上公曰：「能如嬰兒，內無思慮，外無政事，則精神不去也。」

王弼曰：「任自然之氣，致至柔之和，能如嬰兒之無所欲乎，則物全而性得矣！」

高亨曰：「管子內業篇：『摶氣如神，萬物備存。』尹注：『摶謂結聚也。』老子之摶氣與管子之摶氣同。」

朱謙之曰：「景龍本無『如』字。」淮南道應訓引「致」作「至」。

案：老子以爲氣散則死亡，氣剛則暴亂。所以必須集聚其氣，致柔其氣。因爲集氣才能達到靜而不躁，致柔才能達到弱而不强；能達到靜而不躁，弱而不强，就能平心靜氣，性情柔和，如嬰兒之純眞自然。

老子喜用「嬰兒」、「孩童」、「赤子」等名詞來形容「純眞自然」。如二十章「我獨泊兮其未兆，如嬰兒之未孩」，二十八章「常德不離，復歸於嬰兒」，五十五章「含德之厚，比於赤子」。

孟子說：「大人者，不失其赤子之心者也。」（〈離婁篇〉）孟子重視赤子之心，老子重視赤子之氣。孟子重視赤子的善，老子重視赤子的眞。

㈢滌除玄覽，能無疵乎？

河上公曰：「當洗其心使潔淨也。心居玄真之處，覽知萬事，故謂之玄覽也。」

高亨曰：「覽，讀為鑒。覽、鑒古通用。……淮南子修務篇『執玄鑒於心，照物明白』，玄鑒之名，疑本於老子。莊子天道篇：『聖人之心，靜乎天地之鑑，萬物之鏡也』，亦以心譬鏡。洗垢之謂滌，去塵之謂除。說文：『疵，病也』，人心之欲如鏡上之塵垢，故曰：『滌除玄覽，能無疵乎？』意在去欲也。」

案：滌除玄覽是養心的工夫，也是得道的方法。是超功利的理性直觀，也是審美的重要特徵。人心就好像一面玄妙的鏡子，一切貪欲就好像鏡上的塵垢。鏡子需要每天去擦拭，人心也需要時常去修養，朝著「少私寡欲」的方向去努力，這一面心鏡自然會更加光明，照察萬物，無所遁形。老子這句話正和孟子的「養心莫善於寡欲」意義相同。

㈣愛民治國，能無為乎？

李息齋曰：「以愛愛民，愛始不周；以事治國，國始不治。清靜臨民，民將自化，故曰能無為乎？」

羅振玉曰：「『愛民』景龍本避諱作『人』。『能無為』敦煌丙本作『而無知』。」

嚴可均曰：「『能無為』河上公本作『能無知』。」

案：此句是說明治國的要領。五十七章「我無為而民自化，我好靜而民自正，我無事而民自富，我無欲而民自樸」，所以有國者，如果能用清靜無為的原則去愛民治國，人民在潛移默化中，自然而然被感化。

㈤天門開闔，能為雌乎？

《莊子·天運篇》：「其心以為不然者，天門弗開矣。」

《淮南子·主術篇》：「目妄視則淫，耳妄聽則惑，口妄言則亂，夫三關者不可不慎也。」

《荀子·天論篇》：「耳目口鼻形能（王念孫讀書雜誌以為『能』當讀為『態』），各有接而不相能也，夫是之謂天官。」

河上公註曰：「治身當如雌牝，安靜柔弱。」

高亨曰：「耳為聲之門，目為色之門，口為飲食言語之門，鼻為臭之門，而皆天所賦予，故謂之天門也。」

「天門開闔」河上公本作「天地開闔」。

案：老子、莊子的天門，淮南子的三關，荀子的天官，皆指耳目口鼻等一切官能而言。我們一切官能的使用，都應該柔弱安靜，切勿妄動逞强，才不致自取其咎。

㈥**明白四達，能無知乎？**

案：明白四達，謂智慧之本體「眞知」；無知之「知」，乃指世俗之知識「妄知」。老子認爲人類原有潔白無疵的天眞，由這天眞所起的自然作用，便是眞知；一切人爲都是機詐，便是妄知。眞知是眾妙之門，妄知是眾禍之門。所以我們應該善用眞知，好像一面明潔的鏡子一樣，去照映萬物的妍媸美惡。不要亂用妄知去觀察萬物，以免發生偏差。

㈦**生之畜之，生而不有，爲而不恃，長而不宰，是謂玄德。**

馬敍倫曰：「『自生之畜之』以下，與上文義不相屬。……皆五十一章之文。」

【語譯】

靈魂與軀體能使它合而為一，永不分離嗎？能聚集其氣到最柔和的境界，像嬰兒一樣的純真嗎？能洗除心鏡中的雜念，使它明潔無瑕嗎？愛護人民，治理國家，能自然無為嗎？一切官能的運用，能做到致虛守靜的地步嗎？能運用真知去照映四方事物，而不用妄知去妄斷是非嗎？

【韻讀】

此章江氏韻讀：離、兒、疵、爲、雌、知韻。（歌支通韻。）

第十一章

三十輻，共一轂，當其無，有車之用㈠。埏埴以爲器，當其無，有器之用㈡。鑿戶牖以爲室，當其無，有室之用㈢。故有之以爲利，無之以爲用㈣。

【註釋】

㈠**三十輻，共一轂，當其無，有車之用。**

河上公曰：「古者車三十輻，法月數也。共一轂者，轂中有孔，故衆輻共湊之。」又曰：「無，謂空虛。轂中空虛，車得去行；輿中空虛，人能載其上也。」

說文：「轂，輻所湊也。」

羅振玉曰：「敦煌乙、丙本、景龍本、廣明本『三十』均作『卅』。」

案：三十根輻條，滙集在一個車轂上，因車轂空虛，才能使車軸轉動，使車子行走，產生乘載的作用。

對於一部車子，老子注意到虛無的車轂；孔子却注意實有的輗與軏。在《論語·爲政篇》裏，孔子曾經說過這樣的一段話：「人而無信，不知其可也。大車無輗，小車無軏，其何以行之哉？」轅端持衡之關鍵，大車名輗，小車名軏。孔子認爲，一個不講信用的人，就好像車子失去輗軏，它一定走不了的。兩者觀點不同，所以對於一件事情的看法也就不一樣了。

㈡埏埴以爲器，當其無，有器之用。

河上公曰：「埏，和也。埴，土也。和土以為飲食之器。」又曰：「器中空虛，故得有所盛受。」埏，音ㄕㄢ。

馬敍倫曰：「說文無『埏』字，當依王本作『挻』。」朱謙之曰：「埏、挻義通，不必改字。字林：『挻，柔也，今字作揉。』」

案：揉合陶土做成各種器物，因爲器物中間有空虛，才能產生盛物的作用。

㈢鑿戶牖以爲室，當其無，有室之用。

河上公曰：「言戶牖空虛，人得以出入觀視；室中空虛，人得以居處，是其用。」

案：建造房屋，開鑿門窗，因房屋中間有空虛，才能產生居處的作用。

㈣故有之以爲利，無之以爲用。

王弼曰：「木、埴、室所以成三者，而皆以無為用也。言無者，有之所以為利，皆賴無以為用也。」

羅振玉曰：「景龍、敦煌乙丙本『有之』上均無『故』字。」

案：這兩句話是綜合前面三種東西而言。車體、埴土、居室都是有形體，所以說「有」。轂、器、戶牖都是虛空的，所以說「無」。無形的轂器戶牖，必須憑借有形的車體居室，才能給人便利。有形的車體居室，必須依靠無形的轂、戶牖等，才能產生作用。所以「有」和「無」是互相依存，互相爲用的。此處所說的「有無」是就現象界而言，第一章所言的「有無」是超現象界的。

物質是有形的，精神是無形的。物質表現精神的意義，精神貫注物質的核心，物質條件與精神現象融會貫通，才能維持宇宙與人類的生命。

【語譯】

三十根輻條，滙集在一個車轂上，當車轂有空虛的時候，車軸才能轉動，車子才有乘載的作用。揉和陶土做成各種器物，因為器物中間有空虛，才能產生盛物的作用。建造房屋，開鑿門窗，因為房屋中間有空虛，才能產生居處的作用。所以「有」給人便利，而「無」卻發揮它的作用。

【韻讀】

此章江氏韻讀無韻。高本漢：輻、轂韻。

第十二章

五色令人目盲㈠；五音令人耳聾㈡；五味令人口爽㈢；馳騁畋獵，令人心發狂㈣；難得之貨，令人行妨㈤。是以聖人爲腹不爲目，故去彼取此㈥。

【註釋】

㈠五色令人目盲。

李息齋曰：「目能視色，然目以色盲。」

案：五色是指紅、黃、藍、白、黑，五色的變化是無窮的。人如果過份追逐眼目的享受，最後必至於眼花撩亂，視覺失靈，反而不能辨別五色之美。

㈡五音令人耳聾。

河上公曰：「好聽五音，則和氣去心，不能聽無聲之聲。」

李息齋曰：「耳能聽音，然耳以聲聾。」

案：五音是宮、商、角、徵、羽，五音的變化是無窮的。人如果過份追逐聲樂的享受，最後必至聽覺失靈，反而不能辨別五音之美。

㈢**五味令人口爽。**

河上公曰：「爽，亡也。人嗜五味於口，則口亡。言失於味道也。」王弼曰：「爽，差失也。」

李息齋曰：「口能嘗味，然口以味亡。」

案：五味是指酸、甜、苦、辣、鹹，五味的變化也是無窮的。人如果過份追逐五味的享受，刺激過度，最後必至味覺失靈，反而不能辨別五味之美。

㈣**馳騁畋獵，令人心發狂。**

河上公曰：「人精神好安靜，馳騁呼吸，精神散亡，故發狂也。」

羅振玉曰：「景龍、景福、敦煌乙丙、御注諸本，『畋』均作『田』。」

案：馳騁是指騎馬奔馳，畋獵是獵取禽獸：這兩件事情，都可以教人精神瘋狂，不得安寧。如現代人喜歡開快車，所謂「瘋狂賽車」，結果死於車禍者，不計其數。

㈤**難得之貨，令人行妨。**

河上公曰：「妨，傷也。難得之貨，謂金銀珠玉。心貪意欲，不知厭足，則行妨身辱也。」

案：金銀珠玉是難得的珍寶，最容易引起人心的貪欲，所以太重視物質生活的人，往往會不擇手段地去奪取這些財貨，最後必至敗壞德行，身敗名裂。

㈥**是以聖人為腹不為目，故去彼取此。**

河上公曰：「去彼目之妄視，取此腹之養性。」

王弼曰：「為腹者，以物養己；為目者，以物役己。故聖人不為目也。」

《莊子‧天地篇》曰：「且夫失性有五：一曰五色亂目，使目不明；二曰五聲亂耳，使耳不聰；三曰五臭薰鼻，困惾中顙；四曰五味濁口，使口厲爽；五曰趣舍滑心，使性飛揚；此五者皆生之害也。」

案：這兩句話是總結上文。人所以有貪欲，主要是由於五官的需求，所以要消滅人類的貪欲，必須從節制五官的需求著手。五色、五音、五味等物質文明，都是用來賞心悅目的東西，但是過份的刺激官能，會使官能失靈，反至傷生害性，所以聖人重視內在精神生活的充實，而去除外在物質生活的享受。這裏的「目」，其實包含了前面所舉的耳口心行的刺激。林語堂說：「腹指內在的自我，目指外在自我或感覺世界。」

【語譯】

過份追逐五色的享受，最後必至視覺失靈；過份追逐五音的享受，最後必至聽覺失靈；過份追逐五味的享受，最後必至味覺失靈；過份追逐騎馬打獵的事，最後必至精神瘋狂；過份追逐珍貴難得的財貨，最後必至傷德敗行。所以聖人重視內在精神生活的充實，而去除外在物質生活的享受。

【韻讀】

此章江氏韻讀：盲、聾、爽、狂、妨韻（陽東通韻，聾叶音郎，爽平聲），腹、目韻（幽部）。

第十三章

寵辱若驚㈠，貴大患若身㈡。何謂寵辱若驚？寵爲上，辱爲下，得之若驚，失之若驚，是謂寵辱若驚㈢。何謂貴大患若身？吾所以有大患者，爲吾有身，及吾無身，吾有何患㈣？故貴以身爲天下，若可寄天下；愛以身爲天下，若可託天下㈤。

【註釋】

㈠**寵辱若驚**。

河上公曰：「身寵亦驚，身辱亦驚。」

王弼曰：「寵必有辱，榮必有患。寵辱等，榮患同也。」

案：寵辱原是相對的，既得寵，就有得辱的可能，也就是孟子所說的「趙孟之所貴，趙孟亦能賤之」的道理。所以有道之士，他能「定乎內外之分，辯乎榮辱之境」（《莊子·逍遙遊》），立身於寵辱之外，超然於禍福之上，逍遙自得，不必驚心於榮辱得失。

㈡貴大患若身。

焦竑曰：「貴大患若身，當云：貴身若大患。倒而言之，古語多類如此。」貴，有重視、謹慎的意思。

案：這句話是說，每個人必須重視自己的身心修養，好像重視重大的災患一樣。因爲禍福皆由心造，心有時像一條毒龍一樣，如能好好地約束牠，一切禍患便無由發生。

㈢何謂寵辱若驚？寵爲上，辱爲下，得之若驚，失之若驚，是謂寵辱若驚。

蘇子由曰：「所謂寵辱，非兩物也，辱生於寵而世不悟，以寵為上而以辱為下者皆是也，若知辱生於寵，則寵固為下矣，故古之達人，得寵若驚，失寵若驚，未嘗安寵而驚辱也。」

羅振玉曰：「『何謂寵辱若驚』，河上、景龍、景福本均無『若驚』二字。景福本缺『寵為上』句。」

案：這段話是說世人不能覺悟辱生於寵的道理，所以以得寵爲上爲尊，以受辱爲下爲卑；可是得道之士，他能領會到寵辱是相對的道理，因此得之若驚，失之若驚，把寵辱同等看待，未嘗安寵而驚辱。

㈣何謂貴大患若身？吾所以有大患者，爲吾有身，及吾無身，吾有何患？

羅振玉曰：「景龍、敦煌丙本『吾所以有大患』下無『者』字。二『吾』字景龍、敦煌乙丙本均作『我』字。」

朱謙之曰：「『及』字，傅奕、范應元本均作『苟』字。」

案：《爾雅·釋詁》：身，我也。有身，就是處處爲自己著想的自私心理。有身便有智（小智）與欲（貪欲），而智與欲正是製造禍害，違反自然的禍首。及，猶若。老子的「無身」，就是孔子的「毋我」，莊子的「喪我」，「去己」。老子認爲「有身」的自私心裏，是一切禍患的根本，如能做到「無身」，也就是第七章所說的「後其身」、「外其身」，禍患自然可以消除。

㈤故貴以身爲天下，若可寄天下；愛以身爲天下，若可託天下。

范應元曰：「貴以身為天下者，不輕身以徇物也；愛以身為天下者，不危身以掇患也。先不輕身以徇物，則可以付天下於自然，而各安其安；能不危身以掇患，然後可以寓天下而無患矣。」

福永光司曰：「本章謂真正能夠珍重一己之身，愛惜一己生命的人，才能珍重他人的生命，愛重別人的人生。並且，也只有這樣的人，才可以放心地將天下的政治委任他。」

案：「貴以身爲天下」是「以貴身爲天下」的倒裝，「愛以身爲天下」是「以愛身爲天下」的倒裝。貴，珍重、重視的意思。若可，就是乃可、才可以的意思。王淮先生說：「爲天下要能以出世之心情做入世之事業，然後主觀上自身可無患，而客觀上天下因以治。」

【語譯】

得寵和受辱都是令人心驚的事；重視自身的修養，好像重視重大的災患一樣。為什麼得寵和受辱都令人心驚呢？因為在一般人的心目中，都認為得寵是高貴的，受辱是卑賤的。但是有道之士却認為寵辱是相對的，有寵必有辱，所以得寵也驚，失寵也驚。為什麼重視大患要像重視自身呢？因為我之所以有大禍患的原因，是因為有自私心理存在，如果沒有自私心理存在，還有什麼禍患呢？所以能夠用珍重自己的態度來治理天下的人，才可以把天下寄託給他；能夠用愛惜自己的態度來治理天下的人，才可以把天下委任他。

【韻讀】

此章江氏韻讀無韻。陳柱以爲：五「驚」字韻，三「身」字韻，四「下」字韻。

第十四章

視之不見名曰夷，聽之不聞名曰希，搏之不得名曰微㈠。此三者不可致詰，故混而爲一㈡。其上不皦，其下不昧㈢。繩繩不可名，復歸於無物㈣。是謂無狀之狀，無象之象，是謂忽恍㈤。迎之不見其首，隨之不見其後㈥。執古之道，以御今之有，能知古始，是謂道紀㈦。

【註　釋】

㈠**視之不見名曰夷，聽之不聞名曰希，搏之不得名曰微。**

河上公曰：「無色曰夷，無聲曰希，無形曰微。」

朱謙之曰：「『搏』，景龍本作『摶』。搏乃揗之借字，說文：『揗，摩也。』」

案：形而上的實存之「道」是無始無終，無聲無形，無名無爲，它不是一個有具體形象的東西。它既然沒有形體，當然也就沒有顏色，沒有聲音了。所以老子說：道是看不見的，叫它做夷；是聽不到的，叫它做希；是摸不著的，叫它做微。

㈡此三者不可致詰，故混而爲一。

河上公曰：「三者謂夷希微也。不可致詰者，無色無聲無形，口不能言，書不能傳，當受之以靜，求之以神，不可詰問而得之也。」

朱謙之曰：「傅奕本『一』下有『者』字。又慶陽、磻溪二本作『故復混而為一』。」

案：致詰，窮究的意思。詰，音ㄐㄧㄝˊ。

道既然是一個無色、無聲、無形，混然爲一體的東西，當然也就無法把它研究透徹了。也就是「道可道，非常道」的意思。

㈢其上不皦，其下不昧。

朱謙之曰：「『其下不昧』景龍本作『在下不昧』，『皦』敦煌丙本作『皎』。」

案：皦，明白的意思。昧，陰暗不明。「上、下」是合稱道的全體，也就是後句所說的「首、後」。

道的偉大是徹古徹今，而無終始的。人類對於它的了解還是有限度的。因此，往上追溯它的來源，却無法了解它產生在什麼時候，所以說「其上不皦」。雖然，它已留下了綱紀、規律，只要遵循這個綱紀規律，就可以推測出它以後的演變，所以說「其下不昧」。

(四)繩繩不可名，復歸於無物。

河上公曰：「繩繩，動行無窮極也。」

陸德明曰：「繩繩，無際涯之貌。」

王淮曰：「玄，卽繩之初文，繩繩卽玄玄，蓋道體虛無，玄之又玄，故曰：『玄玄不可名，復歸於無物。』」

嚴可均曰：「『繩繩』下大典、河上本有『兮』字。」

案：道的演變是紛紜不絕，無以名狀（名可名，非常名），最後又回到「無物」的狀態，卽十六章「復歸其根」的意思。

(五)是謂無狀之狀，無象之象，是謂忽恍。

河上公曰：「若存若亡，不可見也，謂之忽恍。」

王弼曰：「欲言無邪，而物由以成，欲言有邪，而不見其形。」

李約曰：「恍，有也。忽，無也。」

羅振玉曰：「敦煌丙本無『謂』字。」

朱謙之曰：「景龍本作『無物之象』，高亨曰：『作「無象之象」義勝。』又遂州本『象』作『像』。」

案：道的本體是若有若無，亦虛亦實，是沒有一定形狀的形狀，沒有一定形象的形象（大象無形），所以稱它做「忽恍」。馮友蘭先生說：「道生萬物，可說爲萬不像，萬不像，就是無像之像，也就是大像。」（《中國哲學史》）

㈥迎之不見其首，隨之不見其後。

李約曰：「不見其首，無來時也；不見其後，無去日也。」

嚴幾道曰：「見首見尾，必有窮之物，道與宇宙皆無窮者也，何由見之。」

案：道是長久永恒，繩繩不絕的，沒有人能了解它的源頭在那裏，也沒有人能了解它以後的變化。這兩句話也就是莊子寓言篇所說的「莫知其所終，莫知其所始」的意思。

㈦執古之道，以御今之有，能知古始，是謂道紀。

河上公曰：「言人能知上古本始有一，是謂知道之綱紀也。」

《韓非子·主道篇》曰：「道者萬物之始，是非之紀也。是以明君守始以知萬物之源，治紀以知善敗之端。」

嚴可均曰：「『御』景龍本作『語』。」

朱謙之曰：「『能知』河上本、廣明本、景福本皆作『以知』。」

案：執，固守。御，駕御、控制。道紀，道的規律。此處是說，只要固守自古已有的道，就可以控制現有的事物。能了解這古始之道的人，就可以知道道的規律了。也就是五十二章所說的「天下有始，以爲天下母，既得其母，以知其子；既知其子，復守母，沒身不殆」的意思。

【語譯】

形而上的實存之道，它不是一個有具體形象的東西。它是看不見的，所以叫做夷；它是聽不到的，所以叫做希；它是摸不著的，所以叫做微。道擁有無色、無聲、無形這三種特性，混然為一體，我們對它是無法研究透徹的。往上探溯，卻不知它的來源；往下追尋，卻有規矩可循。它的演變紛紜不絕，不可名狀，最後又回歸無物的狀態。它是沒有一定形狀的形狀，沒有一定形象的形象，所以稱它做「忽恍」。沒有人能了解它的源頭在那裏？也沒有人能了解以後的變化究竟如何？不過，只要能固守自古已有的道，就可以控制現有的事物，能了解這古始之道的人，就可以知道道的規律了。

【韻讀】

此章江氏韻讀：夷、希、微、詰、一、昧、物韻（脂部，昧音密），狀、象、恍韻（陽部，恍去聲），首、後韻（幽侯合韻），有、始、紀韻（之部）。

第十五章

古之善爲道者，微妙玄通，深不可識。夫唯不可識，故強爲之容㈠。豫兮若冬涉川㈡，猶兮若畏四鄰㈢，儼兮其若客㈣，渙兮若冰之將釋㈤，敦兮其若樸㈥，曠兮其若谷㈦，混兮其若濁㈧，澹兮其若海㈨，飂兮若無止㈩。孰能濁以靜之徐淸，孰能安以動之徐生㈪。保此道者不欲盈㈫，夫唯不盈，故能蔽而新成㈬。

【註　釋】

㈠**古之善爲道者，微妙玄通，深不可識。夫唯不可識，故强爲之容。**

史記老子列傳：「老子曰：『……良賈深藏若虛；君子盛德，容貌若愚。』」

蘇子由曰：「粗盡而微，微而妙，妙極而玄，玄則無所不通，而深不可識矣。」

朱謙之曰：「『善為道』，河上、王弼本均作『善為士』。作『道』是也，與下文『保此道者』句遙應。」又曰：「『不可識』，范本作『不可測』。」

案：善爲道者，就是善於修道之士。微妙，是指善於修道之士，其本體是精微奧妙；玄通，是指其作用是「明白四達」，無不通達。一個善於修道之士，他精微奧妙，無不通達，令人高深莫測的。只因爲他高深莫測，所以只好勉強來形容他、描述他。

(二)豫兮若冬涉川。

焦竑曰：「豫，獸名，象屬。象能前知，其行遲疑。」引申為遲疑慎重之貌。

高亨曰：「涉大川為古人習用語，……涉大川者心必懼戒，行必徐遲，故曰豫兮。」

嚴可均曰：「河上公本『豫』作『與兮』，王弼本作『豫焉』。」

羅振玉曰：「景龍、御注、敦煌丙本無『焉』字。」

案：此句是描述修道之士立身行事必遲疑愼重，如像冬天過冰河，必須小心翼翼。與詩小旻「戰戰兢兢，如臨深淵，如履薄冰」意思相同。

老子受《易經》影響者很大。例如：「豫兮若冬涉川」便是受《易經·豫卦》的影響。

(三)猶兮若畏四隣。

焦竑曰：「猶，獸名，隴右謂犬為猶。犬先人行，尋又回轉，故遲回不果，謂之猶豫。」引伸亦有遲疑慎重的意思。

羅振玉曰：「景龍、御注二本均無『兮』字。」

案：此句是描述修道之士立身行事必須遲疑愼重，如像戒懼四隣的窺伺。王陽明說：「警惕者，萬善之基」，就是這意思。

㈣儼兮其若客。

吳澄曰：「儼，矜莊貌。」

羅振玉曰：「景龍、傅奕、御注本均作『儼若客』。」

王昶曰：「王弼本『客』作『容』，案『客』與下文『釋』為韻，作『容』非也。」

案：此句描述修道之士居心處世的態度，就像出門做客一樣的謹嚴端莊。《論語・顏淵篇》孔子所說「出門如見大賓」，就是這個意思。

㈤渙兮若冰之將釋。

河上公曰：「渙者，解散。釋者，消亡。除情去欲，日以空虛。」

羅振玉曰：「景龍、英倫、御注均作『渙若冰將釋』。」

案：此句描述修道之士進德的過程。人性如水，從善如流。但是有時候難免爲私情貪欲所蔽，正如流水凝結，不能通暢。經過修道進德以後，能夠「少私寡欲」，又回復其本性，正如冰塊溶化一樣，又通暢無阻了。

「渙兮若冰之將釋」是受《易經、渙卦》的影響。

㈥**敦兮其若樸。**

河上公曰：「敦者，質厚。樸者，形未分。內守精神，外無文彩也。」

王元澤曰：「材未為器謂之樸，喻性之全體。由冰釋之後，乃能存天性之全，而不雕於人偽，故若樸也。」

「樸」，在老子書中，有時候代表自然的道，有時候代表人的純真。如十九章「見素抱樸」，廿八章「復歸於樸」。

景龍本作『敦若朴』。

案：此句是描述修道之士的德性，如像未經雕琢的素材一樣的敦厚樸實。

㈦**曠兮其若谷。**

河上公曰：「曠者，廣大。谷者，空虛。不有德功名無所不包容也。」

景龍本作「曠若谷」。

案：此句描述修道之士的度量，虛懷若谷，寬大能容。也就是四十一章「上德若谷」，「廣德若不足」的意思。

(八)混兮其若濁。

河上公曰：「渾者，守本真。濁者，不照然也。與衆合同，不自尊。」王念孫曰：「混、渾古同聲。」

朱謙之曰：「河上、御注、范應元本『混』均作『渾』。」

景龍本作「混若濁」。

案：此句描述修道之士的接物的態度，他與人相處的時候，總是大智若愚，大巧若拙，和光同塵，不標新立異。也就是二十章「我愚人之心也哉！沌沌兮」，四十一章「明道若昧」的意思。

(九)澹兮其若海。

范應元曰：「澹，水深也。澹兮，深不可測也。」

嚴可均曰：「御注作『忽若海』，河上作『忽兮若海』，大典作『漂乎若海』。」

朱謙之曰：「范本作『澹兮若海』。」

案：此句描述修道之士的胸腑像大海，深不可測。

(十)飂兮若無止。

王弼曰：「無所繫縶。」

說文：「飂，高風貌。」引申有飄逸貌。

嚴可均曰：「御注作『寂兮似無所止』，河上本作『漂兮若無所止』，傅奕、簡文本作『飄兮』。」

㈨、㈩二句文句原屬二十章，因與上下文不相連屬，疑是錯簡，今據嚴靈峯先生之說移此。

案：此句描述修道之士的行動像高風一樣的飄逸，不知什麼時候停止。

(十一)孰能濁以靜之徐清，孰能安以動之徐生。

吳澄曰：「濁者動之時也，動繼以靜，則徐徐而清矣。安者靜之時也，靜繼以動，則徐徐而生矣。安謂定靜，生謂活動。蓋惟濁故清，惟靜故動。」

畢沅曰：「河上公本作『孰能濁以止靜之？徐清。』」

嚴可均曰：「御注作『安以久』，河上、王弼本均作『孰能安以久』，大典作『孰能安以』，無『久』字。」

朱謙之曰：「傅奕本作『孰能濁以澂靖之而徐清？孰能安以久動之而徐生？』」

案：此句描述修道之士對於動靜調配得宜。因為世俗之士，往往以物汩性則濁而不復清，枯槁之士以定滅性則安而不復生。濁能亂性，所以必須寧靜，使它慢慢地澄清。定能滅性，所以必須活動，使它慢慢地生動活潑。寧靜中有活潑，活潑中有寧靜，才能動靜得宜。

(十一)**保此道者不欲盈。**

嚴靈峯先生曰：「天道虧盈而益謙，盈則必溢，故守此道者，不欲求其盈滿也。」

畢沅曰：「高誘《淮南子》注云：『保或作服。』」馬敘倫曰：「淮南道應訓引『保』作『服』。」蔣錫昌曰：「保、服、復可通叚。」

案：「道沖，而用之或不盈」（第四章），道以虛空爲體，所以它的運作才不會有窮盡。修道之士能效法天道，不敢自滿、自大，所以才能「長生久視」。

(十二)**夫唯不盈，故能蔽而新成。**

嚴可均曰：「河上、御注作『故能蔽不新成』，大典作『故能敝不新成』。」

易順鼎曰：「疑當作『故能蔽而新成』，蔽為敝之借字，不為而之誤也。」高亨曰：「篆文不作，而作，形近故譌。」

案：此句描述修道之士，他因爲不自滿、不自大，所以能夠去舊更新。

【語譯】

古來善於修道之士，精微奧妙，無不通達，令人高深莫測。只因為他高深莫測，所以只好勉強來形容他、描述他。他的立身行事，遲疑慎重，如像冬天過冰河，小心翼翼；如像戒懼四鄰的窺伺，戰戰兢兢；他的居心處世，就像出門做客一樣的謹嚴端莊；他修道進德，去私寡欲，所以他的態度，像冰河溶解一樣地舒暢；他的德性，就像未經雕琢的素材一樣敦厚樸實；他的度量，虛懷若谷，寬大能容；他與人相處的時候，總是大智若愚、大巧若拙，和光同塵，不標新立異；他的胸腑，像大海一樣的深不可測；他的行動，像高風一樣的飄逸不定。有誰能在混濁動盪中寧靜下來，慢慢地重現清明；有誰能在寧靜中活動起來，慢慢地活潑，有生氣。能夠固守這道的人，是不敢自滿、自大的。只因為他不敢自滿、自大，所以才能去舊更新。

【韻讀】

此章江氏韻讀：通、容韻（東部），川、隣韻（文真通韻，川音春），客、釋韻（魚部），樸、谷、濁韻（侯部），清、生、盈、盈、成韻（耕部）。

第十六章

致虛極，守靜篤㈠。萬物並作，吾以觀其復㈡。夫物芸芸，各復歸其根㈢。歸根曰靜，是謂復命；復命曰常㈣。知常曰明，不知常，妄作凶㈤。知常容，容乃公，公乃全，全乃天，天乃道，道乃久，歿身不殆㈥。

【註釋】

㈠**致虛極，守靜篤。**

河上公曰：「得道之人，捐情去欲，五內清靜，至於虛極也。」又曰：「守清靜，行篤厚。」

范應元曰：「致虛、守靜，非謂絕物離人也。萬物無足以撓吾本心者，此真所謂虛極、靜篤也。」

朱謙之曰：「景福本、河上本『致』並作『至』。」

案：《荀子·解蔽篇》：「虛一而靜，謂之大清明。」「致虛極、守靜篤」，是修道者使心靈恢復清明的工夫。致虛是使心智虛空而無雜念偏見；守靜是使心靈安寧而不妄動。心靈原本是空明寧靜的，只因外物的攪擾，於是便有蔽塞不安的現象。所以唯有用「致虛極、守靜篤」的工夫，才能使它恢復空明寧靜。極、篤都有極點、深入的意思。

虛靜是修養的工夫，也是使詩靈妙的秘訣。蘇軾〈送參寥師詩〉：「欲令詩語妙，無厭空且靜。靜故了群動，空故納萬境。」

(二)萬物並作，吾以觀其復。

吳澄曰：「作，動也。植物之生長，動物之知覺，皆動也。」又曰：「復，反還也。物生，由靜而動，故反還其初之靜爲復。」

嚴可均曰：「王弼本無『其』字。」

案：心靈空明寧靜之後，觀察萬物才能透徹正確。因此可以利用它來觀照萬物，由無而有，再由有歸無；由靜而動，再由動歸靜的往復循環的道理。「吾以觀其復」，「以」字下省「之」，「之」代表心靈。

(三)夫物芸芸，各復歸其根。

河上公曰：「芸芸者，華葉盛貌。言萬物無不枯落，各復反其根，而更生也。」

范應元曰：「歸根者，反本心之虛靜也。」

朱謙之曰：「景龍本『芸芸』作『云云』。」彭耜集注釋文曰：「芸芸，喻萬物也，以茂盛為動，以凋衰為靜。云云，喻人事也，以逐欲為動，以息念為靜。」

案：老子第六章「玄牝之門，是謂天地根」。根，就是萬物的本源，也就是道體的虛無。萬物繁複眾多，其生滅、聚散，都是道的作用。最後總要回歸到它的根源，回復到虛無靜定的狀態。

㈣**歸根曰靜，是謂復命；復命曰常。**

河上公曰：「復命使不死，乃道之所常行也。」

釋憨山曰：「根，謂根本元無也，物既本無，則心亦不有，是則物我兩忘，寂然不動，故曰歸根曰靜。」

嚴靈峯曰：「復其性命之本真，故曰復命。」

朱謙之曰：「景龍本、傅奕本、范應元本『是謂復命』均作『靜曰復命』。」

案：芸芸萬物，最後總要回歸到它的根源，虛無靜定的狀態，這叫做恢復其性命之本眞。恢復其性命的本眞，這就是道所運行的常軌，萬物永久普遍遵守的法則。

㈤**知常曰明，不知常，妄作凶。**

河上公曰：「能知道之所常行，則為明。不知道之所常行，妄作巧詐，則失神明，故凶。」
焦竑曰：「知常則靜則吉，不知常則妄作則凶。」
嚴可均曰：「『妄』景龍本作『忘』。」妄、忘古通。

案：能了解這常軌、法則的人，稱爲明智者；不能了解常軌法則而輕舉妄動的人，就有凶災禍害。

㈥**知常容，容乃公，公乃全，全乃天，天乃道，道乃久，殁身不殆。**

王弼曰：「無所不包通，則乃至於蕩然公平也。蕩然公平，則乃至於無所不周普也。無所不周普，乃至於同乎天也。與天合德，體道大通，則乃至於極虛無也。窮極虛無，得道之常，則乃至於不窮極也。」
嚴可均曰：「景龍本『乃』字皆作『能』。」
勞健曰：「『知常容、容乃公』，以容公二字為韻；『天乃道、道乃久』，以道久為韻。獨『公乃王、王乃天』二句韻相遠，『王』字義本可疑，……『王』字蓋即『全』字之譌。全天二字為韻。王弼注云『周普』是也。」
朱謙之曰：「景龍本『殁』作『沒』。」

案：能了解常軌法則的人，就能兼容並蓄；能兼容並蓄的才能大公無私，能大公無私，才能博施濟眾、體物不遺；能體物不遺，才能德配天地；能德配天地，才合乎自然法則；能合乎自然法則，才能長久存在，永垂不朽。能如此，終身就不會有危殆了。

【語譯】

致力虛空，固守靜定，這種工夫能做到極點，便能使心靈恢復空明寧靜。萬物不斷地生長活動，我們利用這空明寧靜的心靈來觀照它往復循環的道理。萬物繁複衆多，最後總要回歸到它的根源。回歸根源，就是一片虛無靜定的狀態，這叫做恢復其性命的本真。恢復性命本真，這就是道所運行的常軌法則。能了解常軌法則的人，就能兼容並蓄；能兼容並蓄，才能大公無私；能大公無私，才能博施濟衆、體物不遺；能體物不遺，才能德配天地；能德配天地，才合乎自然法則；能合乎自然法則，才能長久存在，永垂不朽。能如此，終身就不會有危殆了。

【韻讀】

此章江氏韻讀：篤、復韻（幽部），芸、根韻（文部），靜、命韻（耕部），常、明、常、凶、容、公、全、天韻（陽東通韻），道、久、殆韻（之幽通韻，道叶徒以反，久音己，殆徒以反）。

第十七章

太上、不知有之㈠；其次、親而譽之㈡；其次、畏之㈢；其次、侮之㈣。信不足，焉有不信焉㈤。猶兮其貴言㈥。功成事遂，百姓皆謂：「我自然」㈦。

【註釋】

㈠**太上、不知有之。**

蘇子由曰：「太上以道在宥天下，而未嘗治之，民不知其所以然，故亦知有之而已。」

吳澄曰：「太上，猶言最上，最上謂大道之世，相忘於無為。」

朱謙之曰：「景龍、王弼、河上本『不』均作『下』。」

案：聖人之於天下，「居無為之事，行不言之教，萬物作焉而不辭」，潛移默化，無跡可尋，所以人民「自化、自正、自富、自樸」（五十七章），而不知統治者的存在。太上，即至高、至善的意思。下文「其次」，卽次善的意思。此處是指價值的等級而言。

㈡**其次、親而譽之。**

河上公曰：「其德可稱，恩惠可稱，故親愛而譽之。」

陸希聲曰：「德既下衰，仁義為治。天下被其仁，故親之；懷其義，故譽之。」

嚴可均曰：「御注、河上本均作『親之、譽之』。」

朱謙之曰：「傅奕本作『其次親之，其次譽之』。」

案：次一等的國君，不能無心無爲，而落入有心有爲之境界。如禹湯文武，以仁恩治天下，百姓懷其仁、感其恩，所以親信他、稱讚他。

㈢**其次、畏之。**

河上公曰：「設刑法以治之。」

案：再次一等的國君，既不能以仁義來感化人民；又不能用禮樂來治理人民。只好用嚴刑峻法來控制人民，威脅人民，所以人民畏之如虎狼，避之如水火。

㈣**其次、侮之。**

河上公曰：「禁多令煩，不可歸誠，故欺侮之。」

嚴幾道曰：「將亡之國，民無不侮其政府者，英之查理，法之路易是也。」

景龍、河上、王弼本均作「其次、畏之，侮之。」

案：再次一等的國君，既不能用仁義禮樂來感化人民，又不能用嚴刑峻法來控制人民，只好用權術愚弄人民，用詭詐欺騙人民。所以人民一旦有機可乘，便揭竿而起，推翻暴政。如夏桀、商紂便是。

老子把國家分爲四個等級，儒家也把它分成四個等級。老子的「太上不知有之」，相當於儒家的「日出而作，日入而息，鑿井而欲，耕田而食，帝力於我何有哉？」的境界。「其次親而譽之」，相當於「道之以德，齊之以禮」的境界。「其次畏之」，相當於「道之以政，齊之以刑」的境界。「其次侮之」，相當於「上無道揆，下無法守」的境界。

㈤**信不足，焉有不信焉。**

河上公曰：「君信不足於下，下則應之以不信，而欺其君也。」

朱謙之曰：「景龍、御注、顧歡本均作『信不足，有不信』。」

案：信，是指樸實之德。當國君的人，如果不能用樸實之德來化導人民，人民也就不會信賴這個國君。國君不能得到人民的信賴，這種政府也就無法存在了。孔子說：「民無信不立」，就是這意思。上「焉」字作「於是」講。

(六)**猶兮其貴言。**

河上公曰：「說太上之君，舉事猶猶，貴重於言，恐離道，失自然也。」

嚴可均曰：「王弼本『猶兮』作『悠兮』。」「悠兮」，悠閒的樣子。

朱謙之曰：「景龍本作『由其貴言』。」「由」與「猶」同。荀子富國篇：「由將不足以勉也」，注：「與猶同」。

案：「多言數窮，不如守沖」（第五章），所以有道之君「行不言之教」，每每發佈政令，總是遲疑愼重，不輕易出口。「猶兮」與第十五章「猶兮若畏四隣」之「猶兮」意同。

(七)**功成事遂，百姓皆謂：「我自然」。**

河上公曰：「謂天下太平，百姓不知君上之德淳厚，反以為己自當然也。」

嚴可均曰：「景龍本『功成』作『成功』。」

朱謙之曰：「范應元本作『百姓皆曰我自然』。」

案：此言有道之君，體道自然，無爲而無不爲，萬物自化而不自知，所以百姓皆謂：「我自然。」也就是「太上不知有之」的意思。

【語譯】

最上等的國君治理天下，居無為之事，行不言之教，潛移默化，使人民自化自正，却不知有國君的存在；次一等的國君，以仁義教化人民，以禮樂治理人民，所以人民親信他，稱讚他；再次一等的國君，既不能用仁義教化人民，又不能用禮樂治理人民，只好用嚴刑峻法來控制人民，威脅人民，所以人民畏之如虎狼，避之如水火；再次一等的國君，既不能用仁義禮樂感化人民，又不能用嚴刑峻法控制人民，只好用權術詭詐愚弄欺騙人民，所以人民一旦有機可乘，便揭竿而起，推翻暴政。當國君的人，不能用樸實之德臨治其民，所以人民才不信賴他。有道之君遲疑慎重，不輕易發佈政令；既發政令，必信守諾言。這種無為之治，等到天下太平的時候，百姓都以為「自己如此」，却不知道這是國君的功勞。

【韻讀】

此章江氏韻讀：譽、侮韻（侯魚通韻），焉、言、然韻（元部）。

第十八章

大道廢，有仁義㈠；智慧出，有大僞㈡；六親不和，有孝慈；國家昏亂，有忠臣㈢。

【註　釋】

㈠**大道廢，有仁義。**

河上公曰：「大道之時，家有孝子，戶有忠信，則仁義不見也；大道廢，惡逆生，乃有仁義可傳道也。」

蘇子由曰：「大道之隆也，仁義行於其中而民不知；大道廢，而後仁義見矣。」

嚴可均曰：「『有仁義』景龍本作『有人義』。」

案：道是仁義之綱，仁義乃道之目。某種德行的表揚提倡，正由於它特別缺久的緣故。魚在水中，不覺得水的存在；大道盛行之世，仁義行於其中，自然不覺得有倡導它的必要；等到需要倡導的時候，就表示仁義已不被人重視了。

㈡**智慧出，有大僞。**

嚴可均曰：「景龍本『智慧』作『智惠』，或作『慧智』。」

案：人的智慧本質，就像一面明潔的鏡子，拿這面明潔的鏡子去觀照萬物的美惡，就能恰如其分，無所增損；假如鏡子上面有了灰塵，所照的人物，就非原形了。天下不平，至於攻戰殺戮，都是由人類的「忮心」造成。所以莊子主張不開人之天（老子的小智，儒家的人心惟危），而開天之天（老子的大智，儒家的道心惟微）。開天之天就是拿智慧的本質去應付萬物；開人之天就是拿人類的「忮心」去製造殺機，做虛僞欺詐的壞事。所以說：「開天者德生，開人者賊生。」此處的「智慧」是指機變之巧的小聰明，也就是孔子所說的「好行小慧，難矣哉」的「小慧」。

由人類的天眞所起的是眞知，由人爲機詐所起的爲妄知。眞知是衆妙之門，妄知是衆禍之門。

㈢**六親不和，有孝慈；國家昏亂，有忠臣。**

王弼曰：「六親，父子、兄弟、夫婦也。」

嚴可均曰：「大典『孝慈』作『孝子』。」

朱謙之曰：「室町本『六親不和』、『國家昏亂』下均有『焉』字。」

案：仁義忠孝，只是一個空名，它的眞正精神，乃在於「行之而不著焉，習矣而不察焉」。一旦落於空名，便只有軀殼而無精神。譬如唐虞之際，不聞忠敬之名，然而君無不敬，臣無不忠，無其名而有其實。文武周公父子之間，雖無慈孝之名，却有慈孝之實。唯獨舜有大孝之名，就因爲他有頑嚚的父母和傲慢的弟弟。唯獨龍逢比干有大忠之名，就因爲他有桀紂的殘暴。所以說，孝慈是六親不和的產品；忠臣是昏亂國家的產物。

【語譯】

大道廢棄，才有人提倡仁義；機變巧智興作，才有詐僞產生；六親失和，才顯出孝慈；國家昏亂，才有忠臣出現。

【韻讀】

此章韻讀：江氏無韻。高本漢：廢、義、出、僞隔句爲韻。亂、臣爲韻。

第十九章

絕聖棄智，民利百倍㈠；絕仁棄義，民復孝慈㈡；絕巧棄利，盜賊無有㈢。此三者以爲文不足，故令有所屬：見素抱樸，少私寡欲㈣。

【註釋】

㈠**絕聖棄智，民利百倍**。

王弼曰：「聖智，才之善也。」

武內義雄曰：「遂州本『民』作『人』，蓋避唐太宗諱。」

蘇子由曰：「聖人乘理，而世俗用智。乘理如醫藥，巧於應病；用智如商賈，巧於射利。」

案：聖智是指有才智的人，也就是第三章所說的賢者。老子認爲所謂「賢聖」，不過是某種環境下適用，換一個環境，則所謂賢者反而成爲不賢，不賢者反而成爲賢者了。因此治國者不去强分智愚賢不肖，不尙賢而賤不肖，百姓自然不會爲爭賢名而詐僞叢生，導致社會的混亂。所以說：絕聖棄智，民利百倍。

㈡**絕仁棄義，民復孝慈。**

嚴可均曰：「景龍本『絕仁』作『絕民』。」

案：孝慈是仁義之實，重視仁義的人，必定能孝能慈。仁義孝慈必須發自至性、自然；如果等待別人提倡，再來實行的話，便是勉强、不自然。某種德行的表揚，正表示它的缺欠。所以有一天，當仁義棄絕，不需表揚的時候，這就表示人民已經恢復孝慈了。

㈢**絕巧棄利，盜賊無有。**

河上公曰：「絕巧者，詐僞亂真也。棄利者，塞貪路，閉權門也。」

蘇子由曰：「巧，所以便事也。利，所以濟物也。二者非以爲盜，而不得則不行，故絕巧棄利，盜賊無有。」

案：財利是盜賊所貪求的目標，巧詐是盜賊貪求財利所使用的手段。在位者如果「不貴難得之貨，不見可欲」（第二章）就可以「使民不爲盜，使民心不亂」。所以絕棄巧利，盜賊自然無從興起。

㈣**此三者以爲文不足，故令有所屬：見素抱樸，少私寡欲。**

河上公曰：「以為文不足者，文不足以教民。」

蘇子由曰：「見素抱樸，少私寡欲，而天下各復其性，雖有三者，無所用之矣。」

朱謙之曰：「河上、顧歡、范應元本『樸』作『朴』，御注作『撲』。」

案：老子認爲聖智、仁義、巧利這三樣東西，只不過是一種虛空的文飾，不足以治理天下。所以要使天下人都有歸屬、有目標。就是要大家表現純眞，固守質樸，減少私心，降低欲望。「素」是沒有染色的絲，「樸」是沒有修飾的木材。老子喜歡用「素、樸」來象徵人類本性的純眞與質樸。「私心與欲望」是無法完全去除的，所以老子只要大家盡量的減少、降低。這樣一來，才能在樸實的社會中，個別呈現眞實的人性，而共同享受自然的人生。

【語　譯】

棄絕聖智，不崇尚聖智，人民就不會去爭賢名，而導致社會的混亂，因此百姓可以得到百倍的好處；當仁義棄絕，不需表揚提倡的時候，就表示人民已經恢復孝慈了；棄絕財利與巧詐，盜賊自然無從興起。聖智、仁義、巧利這三樣東西，只不過是一種虛空的文飾，不足以治理天下。所以要使天下人都有歸屬、有目標。就是要大家表現純真，固守質樸，減少私心，降低欲望。

【韻　讀】

此章江氏韻讀：倍、慈、有韻（之部，倍音痞，慈上聲），足、屬、樸、欲韻（侯部）。

第二十章

絕學無憂㈠。唯之與阿，相去幾何？善之與惡，相去何若？人之所畏，不可不畏㈡。荒兮其未央哉㈢！衆人熙熙，如享太牢，如春登台；我獨怕兮其未兆，如嬰兒之未孩㈣。儽儽兮若無所歸，衆人皆有餘，而我獨若遺㈤。我愚人之心也哉沌沌兮！俗人昭昭，我獨昏昏；俗人察察，我獨悶悶㈥。澹兮其若海，飂兮若無止㈦。衆人皆有以，而我獨頑且鄙㈧。我獨異於人，而貴食母㈨。

【註　釋】

㈠**絕學無憂。**

蘇子由曰：「『為學日益，為道日損。』（四十八章）不知性命之正，而以學求益增所未聞，積之不已，而無以一之，則以圓害方，以直害曲，其中紛然不勝其憂矣！患夫學者之至此也，故曰：『絕學無憂』。若夫聖人未嘗不學，而以道為主，不學而不少，多學而不亂，廓然無憂，而安用絕學邪？」

李大防曰：「案『絕學無憂』句，斷不能割歸下章。蓋『見素抱樸，少私寡欲，絕學無憂』三句是承上文『此三者以為文不足，故令有所屬』句。『見素抱樸』承『絕仁』二句；『少私寡欲』承『絕巧』二句；『絕學無憂』承『絕聖』二句。『此三者以為文不足』句是統括上文；『故令有所屬』是啓下文，脈絡分明，毫無疑義。」

案：從子由這段話來看，他把學分成聖人之學與俗人之學。所謂聖人之學，是以道爲主，是順天理，然後向外探求一切事物的道理。如此，才能「執古之道，以御今之有」（十四章），才能「不出戶，知天下」（四十七章）。這就是孟子所說的「爲學之道無他，求其放心而已」。所謂俗人之學，是順人欲，不能以道爲主，不知性命之正，徒知增益其所未聞。這種捨本逐末的俗學，學得越多，欲望越多，欲望越多，心越煩亂，不但不能「美其身」（《荀子·勸學篇》），反而有害修身養性，越學離道越遠。所以老子說：「其出彌遠，其知彌少」（四十七章）。因此老子所要絕的學，是俗人之學，因爲這種學是有害身心的。能絕俗學，才能清心寡欲，無憂無慮。

(二)唯之與阿，相去幾何？善之與惡，相去何若？人之所畏，不可不畏。

河上公曰：「同為應對，而相去幾何？疾時賤質而貴文。」又曰：「善者稱譽，惡者諫爭，能相去何如？疾時惡忠直，用邪佞也。」

易順鼎曰：「王弼本、傅奕本均作『美之與惡，相去何若？』」

孫鑛古今本考正曰：「『不可』一作『不敢』。」

案：成玄英曰：「唯」與「阿」同爲應聲，「唯」是恭敬的應聲，「阿」是侮慢的應聲。一般人皆認爲，人恭敬地應我，就以爲是光榮；侮慢地應我，就以爲是侮辱。這種由表面形式來判斷榮辱的價值觀念，是不正確的，不客觀的。又曰：「順意爲善，違心爲惡」，這是世人所謂的善惡。事實上，這種主觀、相對的榮辱貴賤，是非善惡的價值判斷，往往因時因地而異。此地認爲是的，彼地以爲不是；古時以爲善，現代以爲惡。世人所謂的榮辱善惡，往往是相對而非絕對，暫時而非永恒。這種暫時的、相對的榮辱善惡，有什麼分別呢？

魏玄成（徵）說：「可畏唯人，載舟覆舟，所宜深愼。」〈諫太宗十思疏〉人民像水，國君像船；水可以載船，也可以傾覆船。這一點是國君應該戒懼謹愼的啊！

㈢荒兮其未央哉！

王弼曰：「歎與俗相反之遠也。」

吳澄曰：「荒猶廣也。央猶盡也。」

朱謙之曰：「景龍本『荒』作『忙』。」「荒、忙」，即今「茫」字。茫，廣大之貌。

案：此句是讚嘆萬物之母的道是廣遠無盡的。聖人與俗相反，能效法天道，所以一切言行，與眾不同。下文都在說明不同之處。

㈣**眾人熙熙，如享太牢，如春登台；我獨怕兮其未兆，如嬰兒之未孩。**

河上公曰：「熙熙，淫放多情欲也。」

《公羊傳》何休注：「牛、羊、豕凡三牲曰太牢。」

說文：「怕，無為也。從心白聲。」焦竑曰：「怕，古泊字，靜也。」兆，即徵兆、迹象。

類篇：「孩與咳同，為小兒笑。」

嚴可均：「河上本作『如登春台』。」

嚴可均曰：「傅奕本作『我獨魄兮其未兆』，大典作『我泊兮其未兆』。」朱謙之曰：「怕、泊、魄，字聲訓通。」

案：此處是說，眾人好像享受太牢，好像登台觀賞春天的美景，縱情地玩樂；只有我淡泊恬靜，沒有一點妄動情欲的跡象，好像還不懂咳笑的嬰兒一樣的純眞。

㈤**儽儽兮若無所歸，眾人皆有餘，而我獨若遺。**

河上公曰：「衆人皆有餘財以為奢，餘智以為詐。」

《廣雅・釋詁》：「儽儽，勞也。」釋訓：「儽儽，疲也。」

王弼曰：「若無所歸，卽若無所宅。」就是毫無目的的意思。

奚侗曰：「遺，借作匱，不足之義。」

朱謙之曰：「景龍本作『乘乘無所歸』，遂州、顧歡本均作『魁無所歸』。」

案：就現實方面而言，「君子喻於義，小人喻於利」，義與利，便是君子與小人不同的歸趣。眾人孜孜求利，所以財貨有餘；只有我一副消極疲困匱乏不足的樣子，對於眾人所歸趣的財貨，毫無興趣。從事修道的人，大致內在的德性充實，而外在的財用缺欠；小人則反是。所以陽貨說：「爲富不仁，爲仁不富。」（《孟子・滕文公》）

㈥**我愚人之心也哉沌沌兮！俗人昭昭，我獨昏昏；俗人察察，我獨悶悶。**

河上公曰：「不與俗人相隨，守一不移，如愚人之心也。」

王弼曰：「絕愚之人，心無所別析，意無所好欲，猶然其情不可睹，我頹然若此也。」

吳澄曰：「俗人皆以為有知為智，我獨無知而愚也。」

沌沌，無知貌。昭昭，耀其光也。昏昏，昏暗貌。察察，精明貌。悶悶，愚鈍貌。

奚侗曰：「景龍本作『我獨若昏』，句法不協，宜從王弼本作『我獨昏昏』。」

朱謙之曰：「傅奕、范應元本『悶悶』均作『閔閔』。」

案：此言有道之士，外表上看來好像無知的愚人。俗人鋒芒畢露，好像很有表現的樣子；只有我昏暗無光。俗人都精明能幹；只有我愚鈍無能。事實上，他是大智若愚。

㈦**澹兮其若海，飂兮若無止。**

移至十五章，參看十五章註㈨㈩。

㈧**衆人皆有以，而我獨頑且鄙。**

王弼曰：「以，用也。皆欲有所施用也。無所欲為，悶悶昏昏，若無所識，故曰頑且鄙也。」

《廣雅·釋詁》：「頑，愚也。」史記樂書：「鄙，陋也。」

武內義雄曰：「敦煌、景龍本『以』均作『已』。」以、已古通。

案：此言衆人好像有才能，有作爲；只有我愚鈍淺陋的樣子。事實上，有道之士是深不可識，因此他的才能是不隨便顯現的。

㈨**我獨異於人，而貴食母。**

河上公曰：「食，用也。母，道也。我獨貴用道也。」

蘇子由曰：「道者萬物之母，衆人徇物忘道，而聖人脫遺萬物，以道為宗，譬如嬰兒無所雜食，食於母而已。」

嚴可均曰：「御注作『而貴求食於母』。」

案：此句總結上文。有道之士獨異於俗人：俗人捨本逐末，我獨反本復初；俗人殉情於外物，我獨守眞修道，即莊子天下篇所謂「澹然獨與神明居」。

【語譯】

棄絕捨本逐末的俗學，就不會有憂愁煩惱。俗人所謂的榮辱貴賤，是非善惡，本是相對的、暫時的，有什麼分別呢？人民就像水，水可以載船，也可以傾覆船，做國君的人不可不戒懼。衆人好像享受太牢，好像登台觀賞春天的美景，縱情地玩樂；只有我淡泊恬靜，沒有一點妄動情欲的跡象，好像還不懂咳笑的嬰兒一樣的純真。衆人都在孜孜求利，財貨有餘；只有我一副消極疲困、匱乏不足的樣子，對於衆人所歸趨的財貨，毫無興趣。我好像無知的愚人。俗人鋒芒畢露，好像很有表現的樣子；只有我昏暗無光。俗人都精明能幹；只有我愚鈍無能。衆人好像有才能，有作為的樣子；只有我愚鈍淺陋。我獨異於俗人：俗人捨本逐末、殉情於外物；只有我反本復初，守真修道。

【韻讀】

此章江氏韻讀：阿、何韻（歌部），惡、若韻（魚部，惡、烏入聲，若、入聲），畏、畏韻（脂部），哉、熙、台、孩韻（之部，哉音茲，台、徒其反，孩、胡其反），歸、遺韻

（脂部），昏、悶韻（文部，悶、平聲），以、鄙、母韻（之部，海、音喜）。

第二十一章

孔德之容，惟道是從㈠。道之爲物，惟恍惟惚㈡。惚兮恍兮，其中有象；恍兮惚兮，其中有物㈢。窈兮冥兮，其中有精；其精甚眞，其中有信㈣。自今及古，其名不去，以閱衆甫㈤。吾何以知衆甫之然哉！以此㈥。

【註　釋】

㈠**孔德之容，惟道是從。**

河上公曰：「孔、大也。」

蘇子由曰：「德者，道之見也。」

嚴靈峯曰：「德就是道的形式，道就是德的內容：兩者是互相依存的。若是沒有道，便不會有德的功用；沒有德，也不能顯道的力量。」

高亨曰：「容，擬借為搈，動也。」王弼曰：「動作從道。」

魏稼孫曰：「『德』一作『得』。」

嚴可均曰：「大典『是從』作『之從』。」

案：此言道是德的本體，德是道的作用。所以有大德的人，一切動作都依從天道而行。「惟道是從」正是「順自然」的意思。

㈡道之為物，惟恍惟惚。

釋憨山曰：「恍惚，謂似有若無，不可指之意。」惟，助詞，無義。如「唯妙唯肖」之「唯」。

朱謙之曰：「道藏、王弼本『惚』皆作『忽』。」

案：此言道的變化，亦實亦虛，似有若無。老子的恍惚就是藝術中的朦朧之美。所以說：儒家是教育性的人文主義，道家是藝術性的人文主義，墨家是宗教性的人文主義。

㈢惚兮恍兮，其中有象；恍兮惚兮，其中有物。

蘇子由曰：「道非有無，故以恍惚言之。然及其運而成象、著而成物，未有不出於恍惚者也。」

吳澄曰：「形之可見者成物，氣之可見者成象。」

嚴可均曰：「景龍、顧歡本作『忽恍中有象，恍忽中有物』。」

案：此言道之變化，似有若無，然而宇宙萬象，天地萬物，都由它而生。道是生物的原理，也是成物的作用。

㈣窈兮冥兮，其中有精；其精甚眞，其中有信。

王弼曰：「窈冥，深遠之貌。」又曰：「信，信驗也。」

嚴可均曰：「景龍、顧歡本作『窈冥中有精』。」

案：此言道之體性精微深遠，它含有生成萬物的原質—精。這「精」，雖然是視之不見，聽之不聞，搏之不得；但是它却眞實地存在而且從未失信。

㈤自今及古，其名不去，以閱衆甫。

河上公曰：「自古及今，道常在不去也。」

王弼曰：「至真之極，不可得名，無名則是其名也。自古及今，無不由此而成。」

俞樾曰：「甫與父通，衆甫卽衆始也。」衆甫，就是萬物的起源。

馬敍倫曰：「各本作『自古及今』，非是。古、去、甫韻，當作『自今及古』為是。」

案：道是普遍的、永恒的。任何地方都有它的存在；任何時間都有它的作用。從古到今，永不磨滅。利用它可以觀察萬物的本始。

(六)**吾何以知衆甫之然哉！以此。**

嚴可均曰：「『之然哉』王弼作『之狀哉』。」

案：此言道既爲萬物之根源，只要能夠「執古之道」，自然可以明白其所以然了。

【語　譯】

道是德的本體，德是道的作用。所以，有大德的人，一切動作都依從天道而行。道這樣東西，亦實亦虛，似有若無。雖然是似有若無，它却能生產萬象、萬物，成就萬象萬物。它的體性是這樣精微深遠，它含有生成萬物的原質—精。這精，雖然是「視之不見、聽之不聞、搏之不得」，但是它却真實地存在，而且從未失信。任何地方都有它的存在，任何時候都有它的作用。從古到今，永不磨滅。利用它可以觀察萬物的本始。我就是利用它來了解萬物所以然的道理。

【韻　讀】

此章江氏韻讀：容、從韻（東部），物、惚韻（脂部），恍、象韻（陽部），惚、物韻（脂部），冥、精韻（耕部），眞、信韻（真部，信平聲），去、甫韻（魚部）。

第二十二章

曲則全，枉則直，窪則盈，敝則新㈠。少則得，多則惑，是以聖人抱一爲天下式㈡。不自見，故明；不自是，故彰；不自伐，故有功；不自矜，故長㈢。夫唯不爭，故天下莫能與之爭㈣。古之所謂「曲則全」者，豈虛言哉？誠全而歸之㈤。

【註釋】

㈠**曲則全，枉則直，窪則盈，敝則新。**

呂吉甫曰：「天下之物，唯水為幾於道：一西一東而物莫之能傷，是曲則全也；避礙萬折而必東，是枉則直也；善下而百谷歸之，是窪則盈也；受天下之垢而莫清焉，是敝則新也。」

朱謙之曰：「遂州、館本、范應元本『直』均作『正』。道藏、御注、河上本『敝』作『弊』，釋文作『蔽』。」

案：這四句話是說明修道進德的手段與目的的問題。老子根據自己經驗所得，發現凡是想達到某種目的，常常必須採取相反的手段，所以他說：「反者道之動」（四十章）。全、直、盈、新爲所欲達到的目的，曲、枉、窪、敝爲所欲採取之手段。委曲才可以保全，彎屈才可以伸直，低窪才可以盈滿，破舊才有革新。這些都是事物的對立轉化道理。因此，處事的原則，也應該從反面的關係中把握正面。

㈡少則得，多則惑，是以聖人抱一爲天下式。

河上公曰：「財多者惑於所守，學多者惑於所聞。」

王弼曰：「多則遠其真，故曰惑也；少則得其本，故曰得也。」

河上公曰：「聖人守一，乃知萬事，故能為天下法式也。」

嚴可均曰：「景龍本『惑』作『或』。」

案：此句言修道的要領，在把握要點，執簡御繁，才能有所得。否則，貪多學雜，必惑亂無救。莊子說：「夫道不欲雜，雜則多，多則擾，擾則憂，憂而不救」〈人間世〉，就是這意思。所以聖人固守此「道」，做爲天下人的法式，來駕御天下的萬有。

㈢不自見，故明；不自是，故彰；不自伐，故有功；不自矜，故長。

王弼曰：「不自見其明，則全也；不自是，則其是彰也；不自伐，則其功有也；不自矜，則其德長也。」

案：這四句話也在說明手段與目的的問題。不自見、不自是、不自伐、不自矜是手段；明、彰、有功、長是目的。不自我表現，反而顯明；不自以爲是，反而昭著；不自誇耀，反而有功；不自恃其能，反而長久。

(四)**夫唯不爭，故天下莫能與之爭。**

呂吉甫曰：「如是者無他，得一則無我，無我則不爭。」

嚴可均曰：「河上公本無『能』字。」

案：老子認爲社會上的一切罪惡、禍亂，都由爭。一爭便要戰，所以叫戰爭；一戰就天下大亂，所以叫戰亂。要消弭天下的戰亂，必須不爭。但是社會上，能不爭的人，又往往趨於消極厭世；而熱心服務的人，却很少能免於爭的。因此，老子要大家「爲而不爭」、「利萬物而不爭」。只因爲他不爭（不自見、不自是、不自伐、不自矜，是不爭的事實），所以天下沒有人能爭得過他。所以老子的不爭主義，看似消極，其實是非常積極的精神。

(五)**古之所謂「曲則全」者，豈虛言哉？誠全而歸之。**

蘇子由曰：「夫所謂全者，非獨全身也。內以全身，外以全物……。」

釋憨山曰：「由其聖人委曲如此，故萬德交歸，衆美備具。」

案：此言古人所說的「曲則全」這段話，難道是空洞的理論嗎？其實都是現實人生的眞實經驗。說眞的，它不但能保全自身，也能保全萬物；而且使萬物都歸依於道。

【語　譯】

委曲才可以保全，彎屈才可以伸直，低窪才可以盈滿，破舊才有革新。凡事把握要點，執簡御繁，才能有所得；貪多學雜，必致惑亂。不自我表現，反而顯明；不自以為是，反而昭著；不自誇耀，反而有功；不自恃其能，反而長久。只因不爭，所以天下沒有人能爭得過他。古人所說「曲則全」這段話，難道是空洞的理論嗎？說真的，它不但能保全自身，也能保全萬物；而且使萬物都歸依於道。

【韻　讀】

此章江氏韻讀：盈、新韻（真耕通韻），得、惑、式韻（之部，惑、呼逼反），明、彰、功、長韻（陽東通韻，功叶音光），爭、爭韻（耕部）。

第二十三章

希言自然㈠。飄風不終朝，驟雨不終日。孰爲此者？天地。天地尙不能久，而況於人乎㈡？故從事於道者，同於道；德者，同於德；失者，同於失㈢。同於道者，道亦樂得之；同於德者，德亦樂得之；同於失者，失亦樂得之㈣。信不足焉，有不信焉㈤。

【註釋】

㈠**希言自然。**

釋憨山曰：「希，少也。希言，猶言寡言也。以前云：多言數窮，不如守沖。由其勉強好辯，去道轉遠，不能合乎自然，惟希言者，合乎自然耳。」

案：希言，就是少說不必要說的話。大自然對於萬物是「作焉而不辭」，「行不言之教」（第二章），因此我們也應該「希言」，才合乎自然的法則。否則的話，就要「多言數窮」了。

孔子說：「天何言哉！四時行焉，百物生焉，天何言哉！」也就是這意思。

(二)**飄風不終朝，驟雨不終日。孰爲此者？天地。天地尚不能久，而況於人乎？**

河上公曰：「天地至神，合為飄風暴雨，尚不能使終朝至暮，何況人欲為暴卒乎？」

羅振玉曰：「王弼本『飄風』上有『故』字。」

案：飄風是狂風，驟雨是暴雨。老子以狂風暴雨比喻暴政之害民。狂風暴雨是大自然不正常的現象，凡是不正常的現象，都不得長久。同樣的道理，暴政也是不正常的現象，因此也無法長久存在。偉大的天地都無法長久維持不正常的現象，更何況渺小的人類呢？

(三)**故從事於道者，同於道；德者，同於德；失者，同於失。**

王弼曰：「道以無形無為成濟萬物，故從事於道者，以無為為君，不言為教，緜緜若存，而物得其真，與道同體，故曰同與道。」

案：此言「同類相求」、「物以類聚」，從事於修道的人，喜歡同有道的人在一起；從事於修德的人，喜歡同有德的人在一起；失道失德的人，喜歡同失道失德的人在一起。

(四)**同於道者，道亦樂得之；同於德者，德亦樂得之；同於失者，失亦樂得之。**

案：此言喜歡同有道的人在一起的，有道的人也樂意得到他；喜歡同有德的人在一起的，有德的人也樂意得到他；喜歡同失道失德的人在一起的，失道失德的人也樂意得到他。

㈤信不足焉，有不信焉。

河上公曰：「此言物類相歸，同聲相應，雲從龍，風從虎，水流濕，火就燥，自然之類也。」

羅振玉曰：「景龍、英倫二本無二『焉』字。」

高亨曰：「此兩句重見十七章。」

案：要別人信賴你，必須有令人信賴的條件；當令人信賴的條件不足的時候，別人就不會信賴你了。

【語譯】

清靜無為，少說不必要說的話，才合乎自然的法則。狂風吹不了一個早上，暴雨下不了一整天。是誰製造這種情形的呢？是天地啊！天地製造這種不正常的現象尚且不能夠長久，何況人所造成的苛政呢？所以從事於修道的人，喜歡同有道的人在一起；從事於修德的人，喜歡同有德的人在一起；失道失德的人，喜歡同失道失德的人在一起。同樣的道理，喜歡同有道的人在一起的，有道的人也樂意得到他；喜歡同有德的人在一起的，有德的人也樂意得到他；喜歡同失道失德的人在一起的，失道失德的人也樂意得到他。信賴是相對的，當令人信賴的條件不足的時候，別人就不會信賴你了。

【韻讀】

此章江氏無韻。高本漢：言、然韻（元部）。

第二十四章

企者不立，跨者不行㈠。自見者不明，自是者不彰，自伐者無功，自矜者不長㈡。其在道也，曰：餘食贅行，物或惡之，故有道者不處㈢。

【註 釋】

㈠**企者不立，跨者不行。**

呂吉甫曰：「跂之為立，非立之常也。跨之為行，非行之常也。則不可久，故雖立不立，雖行不行也。」

說文：「企，擧踵也。跨，謂大其兩股間，以有所越也。」

嚴可均曰：「御注、河上公本作『跂者不立』。」朱謙之曰：「企、跂古通用。」

嚴可均曰：「景龍本『跨』作『夸』。」夸與跨同。

案：這兩句話是說明立身行事，都必須自然實在，才能長久。凡是虛僞不自然的事，都不得長久。譬如：舉起脚後跟，想站得比別人高；跨大脚步，想走得比別人遠；這和飄風驟雨一樣，都是不自然的事，因此，他必定站不久，走不遠的。

㈡**自見者不明，自是者不彰，自伐者無功，自矜者不長。**

嚴可均曰：「景龍本『自見』下無『者』字，下三句皆無。」

案：這四句話在說明手段與目的的問題。明、彰、功、長是目的；想達此目的，必須不自見、不自是、不自伐、不自矜。這種手段，這種方法是最自然，最正常的。然而一般人却反其道而行：要自見、自是、自伐、自矜，結果反而不明、不彰、無功、不長。因爲，這種手段，這種方法是最不自然，最不正常的。（參看第二十二章注三）

㈢**其在道也，曰餘食贅行。物或惡之，故有道者不處。**

易順鼎曰：「『行』疑通作『形』，『贅形』卽王注所云肬贅。肬贅可言形，不可言行也。《列子・湯問篇》：『太形、王屋二山』，張湛注：『形當作行』，是古書行、形固有通用者。」

嚴幾道曰：「餘食者食而病者也，贅行者行而累者也。自見自是自伐自矜，皆害其前功，猶畫蛇添足，不惟無功，且以失矣。」

嚴可均曰：「御注、河上公本作『其於道也』，景龍本無『也』字。」

案：此段文字是總結上文，企、跨、自見、自是、自伐、自矜，這些手段，在修道的立場看來，就好像剩飯贅瘤，是多餘而有害的，令人討厭的事，所以有道的人不做這種事的。

【語譯】

舉起腳跟想站得比別人高的人，反而站不穩、站不久；跨大腳步想走得比別人快的人，反而走不快、走不遠。自我表揚的人，反而不能顯揚；自以為是的人，反而不能彰明；自我誇耀的人，反而無功；自恃其能的人，反而不得長久。這些行為，由修道的立場看來，就像剩飯贅瘤，是多餘而有害，令人討厭的事，所以有道的人不做這種事。

【韻讀】

此章江氏韻讀：行、明、彰、功、長、行韻（陽東通韻，功叶音光），惡、處韻（魚部，處、去聲。）

第二十五章

有物混成，先天地生。寂兮寥兮，獨立而不改，周行而不殆，可以爲天下母㈠。吾不知其名，強字之曰道，強爲之名曰大㈡。大曰逝，逝曰遠，遠曰反㈢。故道大，天大，地大，人亦大。域中有四大，而人居其一焉㈣。人法地，地法天，天法道，道法自然㈤。

【註　釋】

㈠**有物混成，先天地生。寂兮寥兮，獨立而不改，周行而不殆，可以爲天下母。**

河上公曰：「寂者，無聲音；寥者，空無形。」

王弼曰：「混然不可得而知，而萬物由之以成，故曰混成。無物之匹，故曰獨立。返化始終不失其常，故曰不改。」

釋憨山曰：「本來無名，故但云有一物耳。渾渾淪淪無有絲毫縫隙，故曰混成。未有天地，先有此物，故曰先天地生。且無聲不可聞，無色不可見，故曰寂寥。超然於萬物之上而體常不變，故曰獨立而不改。且流行四時而終古不窮，故曰周行而不殆。殆，盡也。」

案：這段文字在說明道的體性與作用。道是千變萬化的，它混合各種特性而形成，在未有天地以前就產生了。既聽不到它的聲音，也看不到它的影子。它是獨一無二，沒有一樣東西可以匹比。古今如一，四海皆準，是永恒不變的。它的運行無所不至，且永無止息。它可以做爲天下萬物之母。

㈡**吾不知其名，強字之曰道，強爲之名曰大。**

蘇子由曰：「道本無名，聖人見萬物之無不由也，故字之曰道。見萬物之莫能加也，故強為之名曰大。然其實則無得而稱之也。」

范應元曰：「王弼、河上公本『字之曰道』上無『強』字。」劉師培曰：「按韓非子解老篇『聖人觀其玄虛，用其周行，強字之曰道』，則『字』上當有『強』字，與下『強為之名曰大』一律，今本脱。」

案：道是沒有一定形狀、也沒有一定的形象（十四章：「無狀之狀，無物之象」），本是不可道，不可名的，但爲了便於稱呼，只好勉強給它一個名字叫「道」。它超然於萬物之上，廣大流行而終古不窮，本是無法形容的，所以只好勉強用「大」來形容它（三十四章：「萬物歸焉而不為主，可名為大」）。名，形容的意思，與十五章「強爲之容」的「容」義同。

㈢**大曰逝，逝曰遠，遠曰反。**

吳澄曰：「逝謂流行不息。」

說文：「反，還也。」即「歸根」、「復命」、「復歸於無物」的意思。

吳雲曰：「傅本、易州本『反』並作『返』。」

案：此言「道」不但廣大流行，而且能流行到極遠的地方；不但流行到極遠的地方，而且「物極必反」，能回到它的根源。因爲能反，所以才能周行而不殆。「曰」字可作而、則講。

㈣**故道大，天大，地大，人亦大。域中有四大，而人居其一焉。**

河上公曰：「道大者，包羅諸天地，無所不容也。天大者，無所不蓋也。地大者，無所不載也。王大者，無所不制也。」

奚侗說：「兩『人』字各本皆作『王』，蓋古之尊君者妄改之，非老子本文也。」

案：此言域中有四種偉大事物，而人類居其中之一。道之偉大，在其能爲天下母；天之偉大，在其無私覆；地之偉大，在其無私載；人之偉大，在其能用道、法天、則地。

㈤**人法地，地法天，天法道，道法自然。**

河上公曰：「人當法地，安靜柔和也。種之得五穀，掘之得甘泉，勞而不怨也，有功而不置也。天湛泊不動，施而不求報，生長萬物，無所收取。道清淨不言，陰行精氣，萬物自成也。道性自然，無所法也。」

吳澄曰：「道之所以偉大，以其自然，故曰法自然。非道之外，別有自然也。」

案：此言人當效法「地無私載」，「天無私覆」，道「生而不有，自然無為」的精神。所謂「道法自然」，是說道以自然爲法則，不是道外另有自然的意思。

老子哲學的最終目的，在建立合乎自然法則的人生哲學。日本著名哲學家與農學家福岡正信依據老子「道法自然」思想，提倡「自然農法」以挽救「科學農法」之害。

【語譯】

有一樣東西，它是千變萬化，混合各種特性而形成，在未有天地以前就產生了。既聽不到聲音，也看不到影子。它是獨一無二，沒有一樣東西可以匹比。古今如一，四海皆準，是永恆不變的。它的運行無所不至，且永無止息。可以做為天下萬物之母。因為它沒有一定的形狀，本是不可名的，所以只好勉強給他一個名字叫道。它超然萬物之上，本是無法形容的，所以只好勉强用「大」來形容它。它不但偉大，而且能流行到極遠的地方；不但流行到極遠的地方，而且能回到根源，反復不息。域中有四種偉大事物：道大、天大、地大、人亦大，而人居其中之一。人應當效法「地無私載」，「天無私覆」，道「生而不有，自然無為」的精神。

【韻讀】

此章江氏韻讀：成、生韻（耕部），改、殆、母、道韻（之幽通韻，改音己，道叶徒以反），大、逝韻（祭部，大、徒列反，逝、時列反），遠、反韻（元部）。

第二十六章

重爲輕根，靜爲燥君㈠。是以聖人終日行，不離輜重，雖有榮觀，燕處超然㈡。奈何萬乘之主，而以身輕天下？輕則失根，躁則失君㈢。

【註釋】

㈠**重爲輕根，靜爲燥君。**

河上公曰：「人君不重則不尊，治身不重則失神；草木之華葉輕，故零落；根重，故長存也。人君不靜則失威，治身不靜則身危。龍靜故能變化。虎燥故夭虧也。」

王弼曰：「凡物輕不能載重，小不能鎮大，不行者使行，不動者使動。是以重必為輕根，靜必為燥君。」

朱謙之曰：「皇侃〈論語學而義疏〉引作『靜為燥本』。」

案：此言修養德性的要領。重靜是心境的清靜與精神的凝斂。輕燥是心境的浮躁與精神的發散。重靜爲本爲常，輕燥是末是變。修道之士應持重以克輕，守靜以勝燥。

(二)是以聖人終日行，不離輜重，雖有榮觀，燕處超然。

河上公曰：「輜，靜也。聖人終日行道，不離其靜與重也。榮觀，謂宮闕。」榮觀是比喻榮華富貴的物質生活。

林希逸曰：「燕，安也。處，居也。」

辭海：「超然，離世脫俗貌。」

嚴靈峰曰：「河上公曰：『輜，靜也。聖人終日行道，不離其靜與重也。』甚得其義。河上公以靜、重對文是也。……按本章上下文，俱以重、靜，輕、燥對文，可證。疑古原作靜、重，因靜與輕音近，又上文『重為輕根』句，遂誤為輕。日本有本元吉本正作輕。又以輕、輜形近，遂改為輜重。」

案：道也者不可須臾離也，靜重乃修道之士應把握的要領，所以聖人整日行道，不離穩重與清靜的原則。雖有榮華富貴的物質生活，他能恬澹寡欲，不爲所動，離世脫俗，安心居處。

(三)奈何萬乘之主，而以身輕天下？輕則失根，躁則失君。

李息齋曰：「奈何萬乘之君，不自量其重，而徒以身驅馳於天下之細故，若以細故自嬰，則一物足以嬰之矣，又何足以宰制天下邪？」

嚴可均曰：「河上公本作『輕則失臣』，王弼作『失本』，大典作『失根』。」朱謙之曰：

「此文當作『輕則失根，躁則失君』，與上文『重為輕根，靜為躁君』相對成文。」

案：這段是反面的話，一個擁有萬乘兵車的大國之君，如果不能用「靜重」的態度治事，而爲天下細故，輕浮躁動的話，又如何能夠宰制天下大事呢？所以十三章說：「貴以身爲天下，若可寄天下；愛以身爲天下，若可託天下。」也就是這道理。所謂失根，就是失去穩重，因爲重爲輕根。所謂失君，就是失去沈靜，因爲靜爲躁君。

【語譯】

穩重是輕浮的根本，清靜是浮躁的君主。所以聖人整天行道，不離穩重與清靜的原則。雖有榮華富貴的物質生活，他能離世脫俗，安心居處，不為所動。一個擁有萬乘兵車的大國之君，怎麼可以為天下細事而輕浮躁動呢？輕浮就不能穩重，躁動就不能清靜。

【韻讀】

此章江氏韻讀：根、君韻（文部），行、重韻（陽東通韻，重、叶宅王反），觀、然韻（元部，觀音涓），主、下韻（侯魚通韻，主叶音渚），根、君韻（文部）。

第二十七章

善行無轍迹，善言無瑕讁，善數不用籌策㈠，善閉無關楗而不可開，善結無繩約而不可解㈡。是以聖人常善救人，故無棄人；常善救物，故無棄物。是謂襲明㈢。故善人者，不善人之師；不善人者，善人之資。不貴其師，不愛其資，雖智大迷。是謂要妙㈣。

【註釋】

㈠**善行無轍迹，善言無瑕讁，善數不用籌策。**

王弼曰：「順自然而行，不造不始。順物之性，不別不析。」

蘇子由曰：「乘理而行，故無迹。時然後言，故言滿天下無口過。萬物之數，畢陳於前，不計而知，安用籌算。」

釋憨山曰：「轍迹，猶言痕迹。」

范應元曰：「瑕，玉病也。讁，罰也，責也。」

焦竑曰：「籌策，計數者所用之算，以竹為之。」

嚴可均曰：「『轍迹』河上作『徹迹』，王弼作『徹跡』。『善計』王弼作『善數』，『籌策』御注作『籌算』。」

案：此言得道聖人的一切言行，都能順自然而行。他善於處事，能不妄爲（無為），所以不留痕跡。他善於說話，能不妄言（不言），所以沒有過失。他善於計算，處世接物，「無心」「無智」，執簡御繁，所計不多，所以不用籌策。

(二)善閉無關楗而不可開，善結無繩約而不可解。

王弼曰：「因物自然，不設不施，故不用關楗繩約而不可開解也。」又曰：「此五者皆言不造不施，因物之性，不以形制物也。」

范應元曰：「楗，拒門木也，或從金旁非也。橫曰關，豎曰楗。傅奕云：『古字作闗』。」

朱謙之曰：「繩約猶今言繩索。儀禮既夕記：『約綏約轡』，鄭注：『約，繩也。』舊註為約束之約，當非老子古義。」

案：此言有道之士善用道來關閉情欲，所以他的天門（耳目口鼻）雖無關楗，却不容易開啟。他對於萬物，好像母親對於兒子，雖無繩索，却能固結籠絡而不易解散。以上五句話，是說明聖人以心制物，而不以形制物。

(三)**是以聖人常善救人，故無棄人；常善救物，故無棄物。是謂襲明。**

《廣雅·釋詁》：「襲，因也。」五十五章：「知常曰明。」賈子道術：「知道謂之明。」明即常、道，襲明就是因順常道的意思。

嚴可均曰：「『而無棄人』各本『而』作『故』，下句亦然。」

案：此言聖人因材施教，因材器使，優劣各得其所，能做到人盡其才，所以沒有廢棄的人。他使用萬物，無分貴賤，能做到物盡其用，所以沒有廢棄的事物。這叫做因順常道。

(四)**故善人者，不善人之師；不善人者，善人之資。不貴其師，不愛其資，雖智大迷。是謂要妙。**

河上公曰：「資，用也。人行不善，聖人猶教導為善，得以給用也。」又曰：「能通此意，是謂知微妙要道也。」

朱謙之曰：「要妙，即幼妙，亦即幽妙。幼即窈之借字。」要妙，即深奧的真理。

案：這段話是承上文而來。是說善人可以做不善人的老師，教化不善人遷善改過。不善人可以做善人的借鏡，用來警惕自己犯錯。所以不善人應該尊敬善人，善人應該愛護不善人。如果不能做到這樣，雖然自以為聰明，其實是迷惑。這些道理，眞是深奧的眞理啊！

【語　譯】

得道聖人的一切言行，都能順應自然。他善於處事，能不妄為，所以不留痕跡。他善於說話，能不妄言，所以沒有過失。他善於計算，能執簡御繁，所以不用籌策。他善於用道來關閉情欲，所以他的天門雖無關楗，却不容易開啓。他對於萬物，像母親對於兒子能心連心，所以雖無繩索，却能固結而不易解散。因此，聖人常常能做到人盡其才，使優劣得所，所以沒有廢棄的人。能做到物盡其用，所以沒有廢棄的東西。善人是不善人的老師，他可以教化不善人遷善改過。不善人是善人的借鏡，可以用來警惕自己犯錯。所以不善人如果不能尊敬善人，善人如果不能愛護不善人，雖然自以為聰明，其實是迷惑。這些道理，真是深奧的真理啊！

【韻讀】

此章江氏韻讀：迹、讁、策、解韻（支部，讁音滴，策、初益反，解音擊），師、資、師、資、迷韻（脂部）。

第二十八章

知其雄，守其雌，爲天下谿。爲天下谿，常德不離，復歸於嬰兒(一)。知其白，（守其黑，爲天下式，爲天下式，常德不忒，復歸於無極），守其辱，爲天下谷，爲天下谷，常德乃足，復歸於樸(二)。樸散則爲器，聖人用之則爲官長，故大制不割(三)。

【註釋】

(一)**知其雄，守其雌，爲天下谿。爲天下谿，常德不離，復歸於嬰兒。**

河上公曰：「雄以喻尊，雌以喻卑。人雖自知其尊顯，當復守之以卑微，去雄之强梁，就雌之柔和；如是，則天下歸之，如水流入深谿也。人能謙和如深谿，則德常在，不復離於己。」又曰：「常復歸志於嬰兒，惷然而無所志也。」

羅振玉曰：「景福本作『溪』，景龍本作『谿』，敦煌本作『奚』。」

案：一般人做事，都根據片面的知識，所以往往有偏差。比如以雌雄二事來說，大家都要爭居其雄，而不願居其雌，結果反而不得稱雄。老子却另有一種看法，他認爲凡事必須掌握兩面，才能使事情完滿成功。要了解雄的一面，但不與人爭雄，而甘心守雌，像天下谿谷一樣屈居卑下，結果「民歸之猶水之就下」，無心稱雄，却能自然稱雄。能像谿谷屈居卑下，常德才不會離散，又回歸嬰兒般的純眞。也就是孟子所說的「大人者，不失赤子之心」的意思。老子喜歡嬰兒的眞，孟子欣賞赤子的善。嬰兒雖不知爲善，但他的德行卻純眞無比；雖不知用智，但他的智慧卻清淨無比。

(二)**知其白，**（守其黑，為天下式，為天下式，常德不忒，復歸於無極），**守其辱，爲天下谷，爲天下谷，常德乃足，復歸於樸。**

白是清潔光明，辱通黷，是汚濁昏暗。「嬰兒」是未受汚染的人，「樸」是未經雕飾的素材，老子用它來象徵「純真」的德性。

易順鼎曰：「按此章有後人竄入之語，非盡老子原文。莊子天下篇引老聃曰：『知其雄，守其雌，為天下谿，知其白，守其辱，為天下谷。』此老子原文也。蓋本以雌對雄，以辱對白。辱有黑義，儀禮注：『以白造緇曰辱』，此古義之可證者。後人不知辱與白對，以為必黑始可對白，必榮始可對辱，始是加『守其黑』一句於『知其白』之下，加『知其榮』一句於『守其辱』之上；又加『為天下式，為天下式，常德不忒，復歸於無極』四句，以叶黑韻，而竄改之迹顯然矣。」

羅振玉曰：「景龍、景福『樸』作『朴』。」

案：這段話和上段話的道理是一樣的。要了解清潔光明的一面，却居處汚濁昏暗，但是常常覺得自己汚濁的人，才不會汚濁。要像谿谷一樣藏汚納垢，兼容並蓄，常德才能充足，又回歸素材般眞實。

(三)樸散則爲器，聖人用之則爲官長，故大制不割。

王弼曰：「樸，真也。真散則百行出，殊類生，若器也。聖人因其分散，故為之立官長，以善為師，不善為資，移風易俗，復使歸於一也。」

河上公曰：「聖人用之，則以大道制御天下，無所傷割。治身則以大道制御情欲，不害精神也。」

按：《戰國策》高注：「制，御也。」書經堯典：「湯湯洪水方割。」孔傳：「割，害也。」景龍本作「朴散為器，聖人用為官長。」

案：老子喜歡用「樸」來象徵道的眞實。器是有形之具，指萬物。眞樸的道擴散，則生成萬物。聖人利用眞樸的道治理萬物，（十四章「執古之道，以御今之有。」）就可得萬民擁護，而爲長官。所以能用大道統御天下的人，一定能順應萬物的本性，而不會傷害到他們的。樸是木材的原始狀態，璞是玉石的原始狀態，素是綺羅的原始狀態，嬰兒是人類的原始狀態，老子喜歡用樸、素、嬰兒來象徵道的原始天眞。

【語譯】

了解雄的一面，但不與人爭雄，而甘心守雌，像天下谿谷一樣屈居卑下，能像谿谷一樣屈卑下，常德才不會離散，又回歸嬰兒般純真。了解清潔光明的一面，却居處汚濁昏暗，像谿谷一樣藏汚納垢，兼容並蓄，常德才能充足，又回歸素材般真實。真樸的道擴散，就生成萬物，聖人利用它治理萬物，就可得到萬民的擁護，而為長官。所以能用大道統御天下的人，一定不會傷害萬物的。

【韻讀】

此章江氏韻讀：雌、谿、谿、離、兒韻（歌支通韻），辱、谷、谷、足、樸韻（侯部）。

第二十九章

將欲取天下而爲之，吾見其不得已㈠。天下神器，不可爲也，不可執也。爲者敗之，執者失之㈡。是以聖人無爲，故無敗；無執，故無失㈢。夫物或行或隨，或歔或吹，或強或羸，或載或隳㈣。是以聖人去甚，去奢，去泰㈤。

【註釋】

㈠**將欲取天下而爲之，吾見其不得已。**

蘇子由曰：「聖人之有天下，非取之也，萬物歸之，不得已而受之。其治天下非為之也，因萬物之自然而除其害耳。」

蔣錫昌曰：「《廣雅·釋詁》：『取，為也。』《國語》：『疾不可為也。』韋解：『為，治也。』是取與為通，為與治通。」

朱謙之曰：「傅奕、范應元本『為之』下有『者』字。」

案：老子講究自然。凡是自然而得的事物，才能長久。勉強得來的事物，都不得長久。就拿天下來說，取天下必須萬物歸之，不得已而受之。治天下必須因萬物之本性而除其害，這才合乎自然。如果有人想要勉強地取天下，勉強地治理天下，我看他是得不到的了。四十八章「取天下常以無事」，正是這意思。

(二)天下神器，不可爲也，不可執也。爲者敗之，執者失之。

王弼曰：「萬物以自然為性，故可因而不可為也，可通而不可執也。物有常性而造為之，故必敗也；物有往來而執之，故必失之矣。」

司馬光曰：「為則傷自然，執則乖通變。」

嚴靈峰曰：「神器，猶神物也。言其至貴重者也。」

易順鼎曰：「按『不可為也』下，當有『不可執也』一句。文選干令升晉紀總論引文子稱老子曰：『天下大器也，不可執也，不可為也；為者敗之，執者失之。』可為證明。」

朱謙之曰：「遂州、景福、敦煌三本『不可為』下均無『也』字。」

案：這段話是說，天下是個神妙貴重的東西，不能勉強而爲，不能固執不知變通。勉強而爲必定失敗，固執不通一定失掉它。

(三)是以聖人無爲，故無敗；無執，故無失。

這四句原在六十四章，因與上下文誼不相屬，疑是錯簡誤入，根據奚侗的說法移此。

案：這段話是說，聖人治理天下，順乎自然，不敢勉強而爲，所以不會失敗；不固執，所以不會失去它。

㈣**夫物或行或隨，或歔或吹，或强或羸，或載或隳。**

蘇子由曰：「陰陽相盪，高下相傾，大小相使。或行於前，或隨於後；或呴而暖之，或吹而寒之；或益而强之，或損而羸之；或載而成之，或隳而毀之，皆物之自然，而勢之不免者也。」

高亨曰：「緩吐氣以溫物謂之噓，急吐氣以寒物謂之吹。」

河上公曰：「載，安也。隳，危也。」

朱謙之曰：「景龍本作『或噓』，河上、御注作『或噓』，王弼作『或歔』，景福本作『或煦』。」

案：這段話是說，物性不一，人的秉性也不一樣，有的喜歡在前領導，有的喜歡跟隨在後；有的喜歡溫暖，有的喜歡寒冷；有的喜歡剛強，有的喜歡柔弱；有的喜歡安定，有的喜歡危險。孟子所謂：「物之不齊，物之情也。」就是這意思。

㈤**是以聖人去甚，去奢，去泰。**

河上公曰：「甚，謂貪淫聲色。奢，謂服飾飲食。泰，謂宮室臺榭。去此三者，處中和，行無為，則天下自化。」甚、奢、泰，都含有過分的意思。

蘇子由曰：「世之愚人，私己而務得，乃欲拒而違之，其禍不覆則折，唯聖人則知其不可逆，順以待之，去其甚，去其奢，去其泰，使不至於過而傷物，而天下無患矣，此不為之至也。」

案：這段話是總結上文。上面所說物性、人性既不相同，應該順物之性，因勢利導。處中和，行無爲，凡事不要過分。因爲事物發展若甚若泰，將變爲其反面，故須以自然去甚，以寡欲去奢，以謙沖去泰。然後一定可以做到無棄人，無棄物的境界。這便是聖人的治國道理。

【語譯】

治天下應該自然無為。如果有人想要勉強取得天下，勉強治理天下，我看他是得不到的了。天下是個貴重神妙的東西，不能勉强而為，不能固執不通。勉强而為必定失敗，固執不通一定要失掉它。談到物性、人性本來就不一樣。有的喜歡在前領導，有的喜歡跟隨在後；有的喜歡溫暖，有的喜歡寒冷；有的喜歡剛强，有的喜歡柔弱；有的喜歡安定，有的喜歡危險。所以聖人治理天下，順物之性，因勢利導，處中和，行無為，不做過分的事。如此，定可達到無棄人，無棄物的境界。

【韻讀】

此章江氏韻讀：隨、吹、羸、隳韻（歌部）。

第三十章

以道佐人主者，不以兵強天下。其事好還。師之所處，荊棘生焉。大軍之後，必有凶年(一)。善有果而已，不敢以取強，果而勿矜，果而勿伐，果而勿驕，果而不得已，果而勿強(二)。物壯則老，是謂不道，不道早已(三)。

【註釋】

(一)**以道佐人主者，不以兵強天下。其事好還。師之所處，荊棘生焉。大軍之後，必有凶年。**

李息齋曰：「殺人之父，人亦殺其父；殺人之兄，人亦殺其兄，是謂好還。」又曰：「兵之不勝，其害未易一二數。使幸而勝，其殺氣之應，地不能使之生，天不能使之和，故荊棘生於屯戰之所，飢饉起於軍旅之後，則其不勝者可知矣。」

說文：「還，復也。」即報復的意思。

俞樾曰：「景龍本、河上公本均作『以道作人主者』。」

嚴可均曰：「各本『荊棘生』下有焉，此句下各本有『大軍之後，必有凶年』八字，蓋注語羼入正文，景龍本無。」

案：戰爭是歷史的常態，和平是戰疲後的短暫休息。但是中國人是愛好和平的。從各家學說中可以看出一股強烈的反戰思想。老子的「不以兵強天下」，墨子的「兼愛非攻」以及孟子的「威天下不以兵革之利」，都可以看得出來。他們反對戰爭的原因，除了違背上天「好生之德」之外，就是爲了兩個不良的後果：一是它會引起彼此之間不斷的報復，「其事好還」，就是這意思。另一是它會產生社會的毀滅，所以說：「師之所處，荊棘生焉。大軍之後，必有凶年。」打過仗的地方，必定荊棘叢生，饑饉連年。因此，以道來輔佐人主的人，不用兵力逞強於天下。

(二)善有果而已，不敢以取强。果而勿矜，果而勿伐，果而勿驕，果而不得已，是果而勿强。

王弼曰：「果，猶濟也。言善用師者，趣以濟難而已，不以兵力取强於天下也。」

呂吉甫曰：「果者，克敵者也。……此出於不得已，非所持以取强也。」

矜是自恃其能，伐是自誇其功。

羅振玉曰：「景龍、御注、敦煌、景福諸本均作『故善者果而已』，廣明本作『善者果而已矣』。『不敢以取强』，景龍、敦煌本均無『敢』字，景福本句末有『焉』字。」

嚴可均曰：「各本『果而勿强』上無『是』字。」俞樾曰：「按傅奕本作『是果而勿强』，當從之。上文云：『善者果而已，不以取强』，又云：『果而勿矜，……果而不得已』，皆言其果不言其强，故總之曰：『是果而勿强』，正與上文『不以取强』相應。讀者誤謂此句與『果而勿矜』諸句一律，遂妄刪『是』字耳。唐景龍本亦有『是』字，當據增。」

案：老子是反對戰爭的，但是不得已打起來的話，只求救濟戰禍，糾正敵人的不正（征者，正也）就算了。不要殺人之衆，奪人之土。《公羊傳·郯之戰》有段話說：「君子篤於禮而薄於利，要其人而不要其土。」這就是中國人的偉大戰爭哲學。戰爭是用來救濟戰亂的災難，並不是用來逞強的。所以只求達到救難的目的，却不敢用它來炫耀才能，用它來誇耀功勞，用它來向人驕傲，甚至於還要表現出不得已的樣子，是不敢用它來逞強。

㈢物壯則老，是謂不道，不道早已。

王弼曰：「壯，武力暴興，喻以兵强於天下者也。飄風不終朝，驟雨不終日，故暴興必不道早已也。」

嚴可均曰：「河上、王弼本作『不道早已』，傅奕本作『非道』。」

朱謙之曰：「顧歡本作『不道早亡』。」

案：這段話是說，「一切事物之發展，皆依從一種物理學之強度原則，而爲一拋物線之趨勢，戰爭行爲亦復如是。凡屬拋物線之發展，有其顛峰狀態，亦有其衰竭現象，此即所謂物壯則老。」（引自王淮老子探義）用兵逞強，就像飄風驟雨，是不正常的現象，是不合道的事情，凡是不合道的事情，都要早日消亡。

【語　譯】

用道來輔助國君的人，是不用兵逞强於天下的。因為這種事情容易得到報復。軍隊打過仗的地方，荊棘滿地，一片荒涼。大戰之後，必定瘟疫流行，饑饉連年。戰爭的目的，是在救濟戰亂的災難，以戰止戰，不敢用它來逞强。只求達到救難的目的，却不敢用它來炫耀才能，用它來誇耀功勞，用它來向人驕傲，甚至於還要表現出不得已的樣子，是不敢用它來逞強的。一切事物盛極必衰，用兵逞强是不合道的事，凡是不合道的事，都要早日消亡。

【韻　讀】

此章江氏韻讀：者、下韻（魚部，者音渚），還、焉、年韻（元真合韻，還音旋，年、叶奴連反）。

第三十一章

夫佳兵者，不祥之器，物或惡之，故有道者不處㈠。君子居則貴左，用兵則貴右㈡。兵者不祥之器，非君子之器，不得已而用之，恬淡爲上㈢。勝而不美，而美之者，是樂殺人。夫樂殺人者，則不可得志於天下矣㈣。吉事尙左，凶事尙右。偏將軍居左，上將軍居右，言以喪禮處之㈤。殺人之衆，以悲哀泣之，戰勝以喪禮處之㈥。

【註　釋】

㈠**夫佳兵者，不祥之器，物或惡之，故有道者不處。**

河上公曰：「祥，善也。兵者驚精神，濁和氣，不善人之器也，不當修飾之。」又曰：「兵動則有所害，故萬物無有不惡之。」

阮元曰：「老子『夫佳兵者，不祥之器』，佳爲隹（同惟）之訛。老子『夫惟』二字相連為辭者甚多（八章、十五章、二十二章），若以為佳，則當云不祥之事，不當云器。」

嚴可均曰：「『夫佳兵者』，河上公本無『者』字。『不祥之器』，大典無『之器』二字。」

日人石田羊一郎以為「物或惡之，故有道者不處」二句為衍文。

案：銳利的兵器，殺傷力是很強的，所以老子認爲是不吉祥的器物，一般人都厭惡它，因此，有道的人不用它。處是處置應用的意思。

㈡君子居則貴左，用兵則貴右。

《逸周書・武順》：「吉禮左還，順天以立本。武禮右還，順地以利兵。」

王淮曰：「兩句文義上下無所屬，當是注語錯入經文。」

案：左陽而右陰，陽生而陰殺，所以君子平居以左爲大，用兵則以右爲大，因爲用兵有陰殺之氣。

㈢兵者不祥之器，非君子之器，不得已而用之，恬淡爲上。

河上公曰：「不貪土地，利人財寶。」

吳澄曰：「恬者不歡愉，淡者不濃厚。謂非其心之所喜好也。」

劉師培曰：「案此節王本無注，而古注及王注恆混入正文，如『不祥之器，非君子之器』二語必係注文，蓋以『非君子之器』釋上『不祥之器』也。本文當作『兵者不得已而用之』，『兵者』以下九字，均係衍文。」

案：兵器是不吉祥的東西，君子居心仁慈，厭惡殺生，不喜歡使用它。如果不得已要用它，也要淡然處之，不能熱衷。

㈣**勝而不美，而美之者，是樂殺人。夫樂殺人者，則不可得志於天下矣。**

嚴可均曰：「景龍本作『故不美，若美之。』」

朱謙之曰：「傅本作『故不美也，若美必樂之，樂之者，是樂殺人也。」

嚴可均曰：「『不可得意於天下』，御注作『得志』。」

案：勝而不美，卽三十章的「果而勿矜，果而勿伐，果而勿驕，果而不得已，是果而勿強」的意思。

老子以爲戰爭是不得已的事，如果戰勝，千萬不要驕矜誇強。驕矜誇強，是表示樂意殺人。凡是樂意殺人的人，就不能得意於天下，受萬民的擁戴。孟子說：「不嗜殺人者能一之」，就是這意思。

㈤**吉事尚左，凶事尚右。偏將軍居左，上將軍居右，言以喪禮處之。**

《禮記·檀弓上》：「二三子皆尚左。」鄭注：「喪尚右，右，陰也。吉尚左，左，陽也。」

河上公曰：「上將尊而居陰者，以其主殺也。」又曰：「上將軍於右，主喪禮，喪禮尚右，死人貴陰也。」

嚴可均曰：「御注、大典『居左』『居右』作『處左』『處右』。」

羅振玉曰：「景龍、敦煌二本『偏將軍』上有『是以』二字。」

嚴可均曰：「『言以喪禮處之』，是注釋語氣，足證注文混入。」

案：古代以左屬陽，陽主生，所以吉事尙左。右屬陰，陰主殺，所以凶事尙右。兵戎是凶殺之事，所以上將軍居右，表示用喪禮來處理它。

㈥殺人之衆，以悲哀泣之，戰勝以喪禮處之。

河上公曰：「古者戰勝，將軍居喪，主禮之位，素服而哭之。明君子貴德而賤兵，不得已而誅不祥，心不樂之，比於喪也。知後世用兵不已，故悲痛之。」

嚴可均曰：「『殺人之衆』景龍本作『殺人衆多』。」又曰：「『喪禮』景龍本作『哀禮』。」

羅運賢曰：「按泣當為涖之訛，說文無涖字，蓋卽隸。」

案：打仗的時候，難免會殺傷對方的部屬，但要用悲哀的心情哭喪。打勝仗，要用喪禮來處理。衆是部屬。泣，一說涖之訛，有涖臨、參加的意思。

【語譯】

鋒利的兵器是不吉祥的東西，一般人都厭惡它，因此有道的人不用。君子平常以左邊為大，用兵的時候以右邊為大，因為用兵是凶殺的事。兵器是不吉祥的東西，不是君子所喜歡使用的，如果不得已要用的話，必須淡然處之。戰勝了不要驕矜誇強，如果驕矜誇強，就是表示樂意殺人。凡是樂意殺人的人，就不能得意於天下。吉慶的事，以左方為大。凶喪的事，以右方為大。打仗的時候，偏將軍在左邊，上將軍在右邊，就是說用喪禮處理它。殺傷對方的部屬，要用悲哀的心情哭泣，戰勝了要用喪禮來處理。

【韻讀】

此章韻讀，朱謙之以爲：者、器、惡、處韻（魚部，者古音渚），右、之、之韻（之部，右古音以）。

第三十二章

道常無名，樸雖小，天下莫能臣㈠。侯王若能守之，萬物將自賓㈡。天地相合，以降甘露，民莫之令而自均㈢。始制有名，名亦既有，夫亦將知止，知止可以不殆㈣。譬道之在天下，猶川谷之於江海㈤。

【註釋】

㈠**道常無名，樸雖小，天下莫能臣。**

蘇子由曰：「道之為物，舒之無所不在，而歛之不盈毫末，此所以雖小而不可臣也。」

范應元曰：「道常無名，固不可以小大言之，聖人因見其大無不包，故強為之名曰大。復以其細無不入，故曰小也。」

嚴可均曰：「『朴雖小』，御注作『撲』，王弼作『樸』。『天下莫能臣』，景龍本作『天下不敢臣』。」

案：道是一種神妙的東西，「視之不可見，聽之不可聞，搏之不可得」，千變萬化，不可言說，也沒辦法給它一個固定的名稱。因此，老子說：「道可道，非常道；名可名，非常名。」（第一章）它是構成萬物的原質，萬物的體內都有它的存在，所以說：「衣養萬物而不爲主，可名於小。」（三十四章）但是，它的作用無時不在，無處不有，所以說：「萬物歸焉而不爲主，可名爲大。」（三十四章）道雖是「至小無內」（莊子），但是從另一面看，它又是「至大無外」，所以說：「樸雖小，天下莫能臣。」孔子說：「君子之道，費而隱。」〈中庸〉朱熹的解說，費是指道用的廣大，隱是指道體的精微。從道的可大可小這一面來看，老子、莊子與孔子的看法是一致的。

㈡**侯王若能守之，萬物將自賓。**

羅振玉曰：「傅奕、景龍、敦煌本均作『王侯』。」

案：侯王如果能固守這道，遵循這自然無爲的道理治理萬物，萬物將自然而然地臣服於他。賓卽賓服，就是臣服的意思。

㈢**天地相合，以降甘露，民莫之令而自均。**

王弼曰：「言天地相合，則甘露不求而自降，我守眞性無爲，則民不令而自均也。」

羅振玉曰：「景龍、御注本『民』均作『人』，廣明、景福二本『均』下有『焉』字。」

案：天地間的陰陽二氣調和交流，因而降下甘美的雨水。侯王對於人民，只要不妄加命令，一切順其自然，自然能達到均平的理想境界。也就是五十七章所說的：「我無爲而民自化，我好靜而民自正，我無事而民自富，我無欲而民自樸」的意思。

㈣**始制有名，名亦既有，夫亦將知止，知止可以不殆。**

蘇子由曰：「聖人散樸爲器，因器制名，豈其循名而忘樸，逐末而喪本哉？蓋亦知復於性，是以乘萬變而不殆也。」

焦竑曰：「止者，鎮以無名之樸也。知止則不隨物遷，淡然自足，殆無從生矣。」

羅振玉曰：「景龍『夫』作『天』，無『亦』字。景福本『夫』作『天』，有『亦』字。」

朱謙之曰：「作『天』乃字誤。」

案：道是形而上的、虛無的抽象東西，它是無名的；萬物是形而下的、實在的具體東西，它是有名的。道創造萬物，有物必有形，有形必有名。一有名，必有紛爭，所以要知道適可而止，才不會有危險發生。

㈤**譬道之在天下，猶川谷之於江海。**

王弼曰：「川谷之求江與海，非江海召之，不召不求而自歸者也。行道於天下者，不令而自均，不求而自得，故曰：猶川谷之於江海也。」

蔣錫昌曰：「此句倒文，正文當作『道之在天下，譬猶江海之與川谷。』蓋正文以江海譬道，以川谷譬天下萬物。」

嚴可均曰：「御注、河上公本作『之與江海』。」

案：這句話是說，天下萬物歸依於道，譬猶川谷之水流注於江海一樣。

【語譯】

道體虛無，千變萬化，是無法給它一個固定的名稱，是真實不假的，它雖然精微渺小，可是天下沒有一個人能使它臣服。侯王如果能固守它，萬物將自動地臣服於他。天地間陰陽二氣調和交流，因而降下甘美的雨水。侯王只要不妄加命令於人民，萬物各順其性，各遂其長，自然能達到均平的理想境界。道創造萬物，有物必有形，有形必有名，有名必有紛爭，所以要知道適可而止，就不會有危險發生。道對於天下萬物，就譬如江海對於川谷；江海是川谷所歸往，道是萬物所歸依。

【韻讀】

此章江氏韻讀：臣、賓、均、名韻（耕真通韻），有、止、殆、海韻（之部）。

第三十三章

知人者智，自知者明㈠。勝人者有力，自勝者強㈡。知足者富，強行者有志㈢。不失其所者久，死而不亡者壽㈣。

【註　釋】

㈠**知人者智，自知者明。**

蘇子由曰：「分別為智，蔽盡為明。」

李息齋曰：「知在外為智，在內為明。」

案：老子與孔子把智分為大智與小智。孔子說：「群居終日，言不及義，好行小慧，難矣哉！」〈衛靈公〉不及義的小慧，就是小智，就是小聰明。這種小智，是老子和孔子所要棄絕的。但是他們却推崇大智；老子說：「大智若愚」，孔子說：「智者不惑」。此處所說：「知人者智」，是指能察賢愚、辨是非而言。能知人就能擇其善者而從之，其不善者而改之；所以這種智應屬大智。人不但要知人，還要知己。知己是能克復自己的私欲、偏見、邪念；恢復其本性，也就是〈大學〉〈中庸〉所說能「盡其性」、「明明德」的人。凡是能知己、能恢復本性的人，老子稱之曰「明」。所以說：「歸根曰靜，是謂復命，復命曰常，知常曰明。」（十六章）總之，智由外而得，明由內而悟。

希臘人認爲「知道你自己」是最高的智慧，正是老子「知人者智」的意思。

㈡勝人者有力，自勝者强。

河上公曰：「能勝人者，不過以威力也。人能自勝己情欲，則天下無有能與己爭者，故為强。」

景龍本作「勝人有力」，無「者」字。

案：西方有句俗語說：「英雄想征服世界，聖人想征服自己。」征服世界要靠強大的力量，征服自己要靠克己的工夫。只要有力量，就能勝過別人。要克己、勝己，就要靠修養了。修養的工夫，在於去私去欲；去私去欲的工夫，在於虛靜；能虛能靜，就是守柔的表現；能守柔就叫強（五十二章）。所以說：「勝人者有力，自勝者強。」

㈢知足者富，强行者有志。

呂吉甫曰：「有自知之明，則知萬物皆備於我，而無待於外慕也。故曰『知足者富』。有自勝之强，則於道也，勤行而已矣，無事於他求也，故曰『强行者有志』。」

羅振玉曰：「景龍本、敦煌本均無『者』字。」

案：老子對於貧富的觀念，和一般俗人是不一樣的。他認爲心中知道滿足的人，是富有的人；

不知道滿足的人，便是貧窮的人。既然我心已備萬物，就不再傾慕於外物，這種人還有什麼不滿足的呢？這種人在老子看來，就是世上最富有的人了。「天行健，君子以自強不息」，君子「志於道」，君子的修道工夫，就像天體的運行一樣自強不息。能勉強行道的人，必定是個有志者，有志者事竟成。

㈣不失其所者久，死而不亡者壽。

朱謙之曰：「室町本『亡』作『妄』。」

案：六十二章：「道者，萬物之奧。」河上公注：「奧，藏也。」王弼注：「奧，猶曖也，可得庇蔭之辭。」從二家注解看來，道就是萬物歸藏、庇蔭的處所。也就是孟子所說「仁，人之安宅也」〈公孫丑〉的「安宅」。此處的「所」是指道而言。「不失其所」，就是不離道的意思。不離道的人，「可久可大」《易經》，軀體雖死，但精神「不朽」《左傳》。所以說「道乃久，沒身不殆。」（十六章）這種「可久可大」的「不朽」人物，才是眞正長壽的人。

【語譯】

能夠了解別人的善惡賢愚，是有智慧的人。能夠認識自己的本性，是聰明的人。能夠戰勝別人，是有力量的人。能夠克制自己，是堅强的人。能夠淡泊名利而知足的，是最富有的人，能夠勉强修行大道的，是有意志的人。終身不離道的人，才能長久。軀體雖死而精神（道）長存的，才是真正長壽的人。

【韻讀】

此章江氏韻讀：明、强韻（陽部），富、志韻（之部），久、壽韻（之幽通韻）。

第三十四章

大道氾兮，其可左右(一)。萬物恃之以生而不辭，功成而不有(二)。衣養萬物而不爲主，常無欲，可名於小；萬物歸焉而不爲主，可名爲大(三)。以其終不自爲大，故能成其大(四)。

【註釋】

(一)**大道氾兮，其可左右。**

王弼曰：「言道氾濫，無所不適，可左右上下，周旋而用，則無所不至也。」

朱謙之曰：「『氾』道藏本作『汎』。」

案：這句話是說，道充滿在宇宙之間（四方上下謂之宇，古往今來謂之宙），也就是說，無時無地都有道的存在。氾是普遍、廣博的意思。《莊子·知北遊》：「東郭子問於莊子曰：『所謂道惡在乎？』莊子曰：『無所不在。……在螻蟻，……在稊稗……在瓦甓……在屎溺。』」莊子這段話正可用來說明老子的這句話。

(二)萬物恃之以生而不辭，功成而不有。

李息齋曰：「萬物非道不生，而道未嘗言其能也。萬物非道不成，而道未嘗自名其功也。」

嚴可均曰：「『以生』河上公本作『而生』。」

朱謙之曰：「室町本作『功成而不名有』，趙孟頫、王羲之本作『功成不居』。」

案：這句話是說，道生長萬物，成就萬物，但是它並不加以主宰，也不佔爲己有。辭、嗣古通用，嗣卽司，有主宰的意思。參看第二章注(七)、(八)。

(三)衣養萬物而不爲主，（常無欲），**可名於小；萬物歸焉而不爲主，可名爲大。**

李息齋曰：「萬物非道不養，而道未嘗自以為主也。」

羅振玉曰：「河上、景龍、御注、英倫、廣明、景福諸本作『愛養』，敦煌本作『衣被』。又景龍、敦煌、廣明三本均無『而』字。」

嚴靈峰先生曰：「原有『常無欲』三字，顧歡本、李榮本、次解本、唐人殘卷丁本均無此文。按此三字在此無義，疑係第一章『常無欲以觀其妙』句之錯簡複出於此；故依顧歡本刪。」「常無欲」刪去之後，上下文是：「衣養萬物而不為主，可名於小；萬物歸焉而不為主，可名為大。」兩句相對成文，文義也連貫，嚴氏的說法頗有道理。

案：道由不同的角度來看，它是可大可小的。它覆養萬物却不主宰萬物，萬物的體內都有道的存在，道是至小無內的，所以從這角度上看，可以稱它爲小。萬物都歸依於它，它卻不主宰萬物，它是至大無外，所以從這角度上看，可以稱它爲大。〈中庸〉說：「君子之道，費而隱。」朱子說：「費，用之廣也；隱，體之微也。」所謂費，是指道的作用廣大；所謂隱，是指道的本體精微深妙。由上可知，孔子對於道的看法，也是可大可小的。康德以爲天道一方面是超越的，另一方面又是內在的，正是老子「可名於小」，「可名於大」的意思。

㈣**以其終不自爲大，故能成其大。**

河上公曰：「聖人法道，匿德藏名，不為滿大。聖人以身師導，不言而化，萬事修治，故能成其大。」

李息齋曰：「聖人終不自以為大，而萬物終無以過之，唯其不取大，故能成其大。」

羅振玉曰：「河上、景龍、敦煌、御注、景福、英倫諸本均作『是以聖人終不為大』。」

案：不自大的事實，就是二十二章所說的「不自見、不自是、不自伐、不自矜」。老子以爲欲達到某種「目的」，往往必須採取相反之「手段」。「成其大」是目的，「不自爲大」是手段。只有採用「不自爲大」的手段，才能達到「成其大」的目的。而且這種手段是最自然的，最不勉強的。

【語譯】

大道就像水一樣氾濫流行，上下左右，無所不到。萬物依賴它生長，却不加以主宰；成就萬物，却不佔為己有。它覆養萬物却不主宰萬物，從這角度看來，可以稱它為小。萬物都歸依於它，却不主宰萬物，從這角度看來，可以稱它為大。因為它始終不敢自大，所以反而能成就它的偉大。

【韻讀】

此章江氏韻讀：右、辭韻（之部，右音異，辭去聲。）有、主韻（侯魚通韻）。

第三十五章

執大象，天下往㈠。往而不害，安平太㈡。樂與餌，過客止㈢。道之出口，淡乎其無味，視之不足見，聽之不足聞，用之不足既㈣。

【註釋】

㈠**執大象，天下往**。

河上公曰：「執，守也。象，道也。聖人守大道，則天下萬民，移心歸往之也。」

朱謙之曰：「傅奕、范應元本『象』下有『者』字。」

案：道是「無物之象」（十四章），所以老子用大象喻道。爲國者如能執守大道，清靜無爲，一切順乎自然，那麼天下萬民歸往他，猶水就下，沛然莫之能禦。這就是修道養德的效驗。

㈡**往而不害，安平太**。

河上公曰：「萬民歸往而不傷害，則國家安寧，而致太平矣。」

王引之曰：「安，猶於是也，乃也，則也。」（經傳釋詞）

朱謙之曰：「傅奕、范應元、遂州、邢玄、慶陽、磻溪、樓正諸本『太』均作『泰』。泰、太古通。」

案：天下萬民歸往却不傷害他們，能各盡其性，各遂其長，於是天下才能太平。平太卽太平，爲叶韻倒裝。

㈢**樂與餌，過客止。**

陸希聲曰：「夫樂可以悅耳，餌可以適口，則旅人為之留連，為之歡饜，然非其所安，不可久處。」

案：五音可以悅耳，五味可以適口，所以可以叫過路的客人止步。但是吃多了五味，却教人口爽；聽多了五音，却教人耳聾。因此，對於天下間一切事物，要淡然處之，不可過份熱衷，才不會有傷害。

㈣**道之出口，淡乎其無味，視之不足見，聽之不足聞，用之不足旣。**

王弼曰：「言道之深大，人聞道之言，乃更不如樂與餌應時感悅人心也。樂與餌則能令過客止，而道之出口，淡然無味，視之不足見，則不足以悅其目，聽之不足聞，則不足以悅其耳，若無所中，然乃用之不可窮極也。」

楊樹達曰：「樂與餌，謂喜與人飲食，樂音洛，非謂音樂。」

案：這段話是說，道這東西，說出口來，是這樣地清淡乏味；無形無聲，看不到形體，聽不到聲音，可是用起它來却用不盡。也就是「道沖，而用之或不盈」的意思（四章）。足猶可。既是盡的意思。

董其昌書畫藝術理論以「淡」爲宗旨。「淡」正是道的「自然天真」之美。

【語譯】

為國者如果能夠固守大道，清靜無為，天下萬民自然歸往他。當萬民歸往的時候，却不去傷害他們，於是天下才能太平。悅耳的音樂和美味的食物，可以使過往的旅客止步。道這東西，說出口來是這樣地淡然乏味，看不見它的影子，也聽不到它的聲音，可是用起它來却用不盡。

【韻讀】

此章江氏韻讀：象、往韻（陽部），害、太韻（祭部），餌、止韻（之部），味、見、既韻（脂元合韻）。

第三十六章

將欲翕之，必固張之；將欲弱之，必固強之；將欲廢之，必固興之；將欲取之，必固與之。是謂微明㈠。柔弱勝剛強㈡。魚不可脫於淵，國之利器不可以示人㈢。

【註釋】

㈠**將欲翕之，必固張之；將欲弱之，必固强之；將欲廢之，必固興之；將欲取之，必固與之。是謂微明。**

王純甫曰：「將欲云者，將然之辭也。必固云者，已然之辭也。造化有消息盈虛之運，人事有吉凶倚伏之理，故物之將欲如彼者，必其已嘗如此者也。將然者雖未形，已然者則可見。能據其已然，而逆覩其將然，則雖若幽隱，而實至明白矣，故曰是謂微明。」嚴可均曰：「『翕之』河上作『噏之』，王弼作『歙之』，簡文作『歙之』。『必固』一作『必故』。」畢沅曰：「古無噏、歙二字，說文云：『歙，縮鼻也。』歙有縮義，故與張對。」

勞健曰：「與當作擧，叶下句『必固與之』。」

案：這段文字常被誤解爲老子的陰謀思想，而這種誤解是由於未能了解「固」字的正確意義。他們把「固」字解爲「一定」、「故意」。於是這段文字的意義，就成爲：將要收縮他，必定故意使他擴張；將要削弱他，必定故意使他強大；將要廢棄他，必定故意使他興盛；將要奪取他，必定故意給與他。事實上，老子是利用這段話在說明「物極必反」、「盛極必衰」的自然定理。事物在不斷對立轉化的狀態，當它發展到某一個極限的時候，必然會向相反的方向運轉，所以說：「反者道之動。」（四十章）因此，這段文字應該解釋爲：將要收縮的，必定是本來已經擴張過；將要衰弱的，必定是本來已經強大過；將要廢棄的，必定是本來已經興盛過；將要奪取的，必定是本來已經給與過。在「張之、強之、興之、與之」的時候，已經有「翕之、弱之、廢之、取之」的「幾兆」隱伏在裏面了。幾兆雖隱微，但是事實却很明顯，所以說：「是謂微明。」

(二)柔弱勝剛强。

河上公曰：「柔弱者久長，剛强者先亡。」

朱謙之曰：「景龍本、王羲之本、范應元本、傅奕本均作『柔勝剛，弱勝强』。」

案：柔弱的東西，由於它含蓄內歛，較富彈性，所以可久可大；剛強的東西，由於它顯耀外溢，缺乏彈性，所以容易損壞，不得久長。所以說「柔弱勝剛強」，「弱者道之用」。

㈢魚不可脫於淵，國之利器不可以示人。

王純甫曰：「韜此理以自養，靜深斂退，優游自得，如魚之不脫於淵是也。……聖人用之則為大道，姦雄竊之，則為縱橫捭闔之術，其害有甚於兵刃也，故聖人喻之以利器也。」

蔣錫昌曰：「《後漢書・隗囂公孫述列傳》曰：『要之，魚不可脫於淵』，惟注云：『老子曰：「魚不可脫於泉」。』」朱謙之曰：「泉乃唐人避高祖諱，改淵為泉。

朱謙之曰：「韓非喻老引作『邦之利器。』」

案：吞舟之魚雖大，如果失水，螻蟻都會欺侮它。魚不可脫離水，就好像人不能脫離道一樣，否則「不道早已」（三十章）。此處所說的「利器」，是指上面「物極必反」的道理。這些道理被聖人應用，就成為偉大的道術。要是被姦雄竊取了，將成為害人的陰謀，這些傷害有甚於鋒利的兵刃，所以老子比喻它為「利器」。這些「利器」落在壞人手裏既然有如此嚴重的後果，因此老子警告後人，不可以隨便地顯示於人。

【語譯】

將要收縮的，必定是本來已經擴張過；將要衰弱的，必定是本來已經強大過；將要廢棄的，必定是本來已經興盛過；將要奪取的，必定是本來已經給與過。幾兆雖然隱微，但是最後却有明顯的事實表現出來。柔弱由於它富有彈性，所以能夠勝過缺乏彈性的剛強。人不能脫離常道，就好像魚不能脫離深水一樣。「物極必反」的道理，如果被壞人利用了，其傷害有甚於利刃，因此不可以隨便地顯示於人。

【韻　讀】

此章江氏韻讀：明、強韻（陽部），淵、人韻（真部）。

第三十七章

道常無爲而無不爲，侯王若能守之，萬物將自化㈠。化而欲作，吾將鎭之以無名之樸。無名之樸，夫亦將無欲㈡。不欲以靜，天下將自定㈢。

【註釋】

㈠**道常無爲而無不爲，侯王若能守之，萬物將自化。**

河上公曰：「道以無為為常，侯王若能守之，萬物將自化，效於己也。」

王弼曰：「無為，順自然也。」

朱謙之曰：「傅奕、范應元本均作『王侯』。景福本『若』作『而』。『之』字，景龍、御注本均無。」

案：就道體來說，「道常無名」（三十二章），就道用來說，「道常無爲」。無爲是順自然法則而不妄爲。無不爲是沒有一樣事情不做得圓滿至善。無爲是方法，無不爲是目的。道的運作常常以自然無爲爲法則，所以萬物都能各盡其性，各遂其長。侯王如果能夠固守這道理，用清靜無爲的方法來治理萬物萬民，萬民將自然而然地受他的感化。自化的「自」字是重要字眼，自是自然而非勉強，自是自動而非被動。老子強調，侯王如能無爲，百姓便會「自化、自正、自富、自樸」（五十七章）。

(二)化而欲作，吾將鎮之以無名之樸。無名之樸，夫亦將無欲。

河上公曰：「吾，身也。無名之樸，道也。萬物以化，效於己也，復欲作巧僞者，侯王當身鎮撫之以道德。」

李息齋曰：「道自無入有。始於喜怒哀樂之萌，而極於禮樂刑政之備。極而不反，化化無窮，則愈失道矣。故聖人於其將流，則復以樸鎮之。」

羅振玉曰：「景龍、御注、景福諸本均無『夫』字。」

案：人類在自身的演化過程中，受到外物的污染，私欲的作祟，難免漸漸偏離自然之道。聖人不得已，只好再用「不可名」的「眞樸」之道來遏止它。下句「無名之樸」的上面省略了「鎭之以」三字。用不可名的眞樸之道來遏止它，這些人類又將再回復無私心、無淫欲的本性，像嬰兒一樣的純眞。也就是「常德不離，復歸於嬰兒」的意思（二十八章）。夫是指示代名詞，指萬物、人類。

㈢**不欲以靜，天下將自定。**

河上公曰：「言侯王鎮撫之以道德，民亦將不欲，故當以清靜導化之也。能如是者，天下將自正定也。」

朱謙之曰：「王義之、傅奕、范應元本『定』均作『正』。正、定義通。」

案：不欲是無私心、無淫欲。以猶而。這句話是說，每一個人都能夠做到無私心、無淫欲，而且清靜無爲的話，天下將自然而然地安定下來。

【語譯】

道的運作常常以自然無為為法則，因而沒有一樣事物不圓滿完善。侯王如果能夠固守這道理，萬物萬民將自然而然地受他的感化。萬物萬民在演化的過程中，如果有私心淫欲興起，我將要用這不可名的真樸之道來遏止它。用真樸之道遏止它之後，又將回復無私心、無淫欲的純真本性。人人都能做到無私心淫欲而且清靜無為的話，天下將自然而然地安定下來。

【韻讀】

此章江氏韻讀：爲、爲、化韻（歌部，為音譌，化音呵），樸、樸、欲韻（侯部），靜、正韻（耕部）。

第三十八章

上德不德，是以有德；下德不失德，是以無德㈠。上德無爲而無以爲；下德無爲而有以爲㈡。上仁爲之而無以爲；上義爲之而有以爲；上禮爲之而莫之應，則攘臂而扔之㈢。故失道而後德，失德而後仁，失仁而後義，失義而後禮㈣。夫禮者，忠信之薄，而亂之首㈤。前識者，道之華而愚之始㈥。是以大丈夫處其厚，不居其薄，處其實，不居其華。故去彼取此㈦。

【註釋】

㈠**上德不德，是以有德；下德不失德，是以無德。**

河上公曰：「上德，謂太古無名號之君，德大無上，故言上德也。不德者，言其不以德教民，因循自然，養人性命，其德不見，故言不德也。」又曰：「下德，謂號謚之君，德不及上德，故言下德也。不失德者，其德可見，其功可稱也。」

案：這段話是說明修德者的層次，大約可分爲「上德」與「下德」二類。而「下德」一類又可分爲上仁、上義和上禮三個層次。所謂上德者的修德方法是順應自然，無心而爲，無跡可尋，雖然是無跡可尋，却闇然而日彰；所謂下德者的修德方法是因循自然，却有心而爲，有跡可尋（其德可見，其功可稱），雖然是有跡可尋，却的然而日亡。

㈡上德無爲而無以爲；下德無爲而有以爲。

王弼曰：「無以為者，無所偏為也。」

林希逸曰：「無以為，是無心而為之也。」

馬其昶曰：「案『無為』舊作『為之』，誤同上義句，傅本又誤同上仁句，注家強為之說，皆非是，今為之正。德有上下，其無為一也，以其不失德，故雖無為之中，而仍有以為也。」

案：上德者與下德者都能順應自然，清靜無爲，但是不同的地方，就在於上德者無所爲而爲，而下德者有所爲而爲。上德者之所以爲上，在於無心無爲；下德者之所以爲下，在於有心無爲。

㈢上仁爲之而無以爲；上義爲之而有以爲；上禮爲之而莫之應，則攘臂而扔之。

王弼曰：「凡不能無為而為之者皆下德也，仁義禮節是也。」

高亨曰：「無以為者，無所因而為之，無所為而為之；有以為者，有所因而為之，有所為而為之。」又曰：「廣韻：揎袂出臂曰攘。」

朱謙之曰：「上文以『無為』為主，分別『無以為』與『有以為』，上德無以為，下德有以為。此文以『為之』為主，分別『無以為』與『有以為』，上仁無以為，上義有以為。」

朱謙之曰：「御注、遂州、景福諸本作『仍』，范應元本作『扔』，作『扔』是也。《廣雅》曰：『扔，引也。』《廣韻》曰：『扔，強牽引也。』扔與仍音義同，但『扔』字從手，與攘臂之義合。」

案：這段話是說明「下德」之中又有上仁、上義、上禮三個層次。這三個層次的共同特徵是落入「爲之」的有爲，而不能像上德者的無爲。上仁者如像舜禹，他們都能以仁心行仁政，但是無所爲而爲。所以孔子稱讚說：「舜禹之有天下也，而不與焉」《論語·泰伯》。上義者如像齊桓、晉文，他們都在從事尊王攘夷，濟弱扶傾的義舉，但是各有「大欲」存心，都是有所爲而爲。上禮者如像戰國諸君，仁義之道既衰，只好約之以禮，繩之以法了。但是到了禮法不足以約束人民的時候，勢必攘臂揎袖，用刑罰來強迫牽引他們就範了。

㈣**故失道而後德，失德而後仁，失仁而後義，失義而後禮。**

河上公曰：「言道衰而德化生也，德衰而仁愛見也，仁衰而義分明也，義衰則施禮聘，行玉帛。」

案：這段話是說明春秋戰國時代，道德的演變是由道而德而仁而義而禮，逐步墮落，每況愈下。由無所爲而爲的無爲的道，變爲有所爲而爲的無爲的德，再變爲無所爲而爲的上仁，再變爲有所爲而爲的上義，再變爲有所爲而爲而莫之應的上禮。

㈤夫禮者，忠信之薄，而亂之首。

河上公曰：「言禮廢本治末，忠信日以衰薄。禮者賤質而貴文，故正直日以少，邪亂日以生。」

羅振玉曰：「『首』下景福本有『也』字。」

案：《禮記·樂記》說：「樂者，天地之和；禮者，天地之序。」禮，從小處言，可以做爲修身的規矩準繩；從大處言，可以做爲治國的典章制度。但是在老子的時代禮已經變質了，它變爲拘鎖言行的繁文縟節，它變爲爭權奪利、剽竊名位的工具。所以老子抨擊它是忠信的衰薄，也是禍亂的開始。

㈥前識者，道之華而愚之始。

河上公曰：「不知而言知爲前識。此人失道之實，得道之華。」

王弼曰：「前識者，前人而識也。」

案：這段話是說自謂先知先見的自作聰明的人，只不過是得到道的虛華外表，却沒得到實質的道；愚昧將由此開始。

㈦**是以大丈夫處其厚，不居其薄；處其實，不居其華。故去彼取此。**

河上公曰：「大丈夫謂得道之君也。處其厚者，謂處身於敦朴。不居其薄者，不處身違道，為世煩亂也。處其實者，處忠信也。不居其華者，不尚言也。去彼華薄，取此厚實。」

呂吉甫曰：「人之治常生於厚，厚則其性，薄則其偽，去性而作偽，未有不亂者也。人之自知常在於明，明則其實，智則其華，離實而務華，則未有不愚者也。……故忘仁義，絕禮學，遺智慧，而志於道德之大全，是之謂去彼取此。」

案：這段話是說得道之君處身敦朴而不刻薄，居心忠信而不虛華。彼是指薄與華，此是指厚與實。去彼就是去除刻薄與虛華，取此就是採取敦朴與忠信。

【語譯】

上德的人順應自然，無心而為，所以他的德能闇然而日彰；下德的人雖能順應自然，卻有心而為，所以他的德昀然而日亡。上德者的清靜無為是無所為而為；下德者的清靜無為是有所為而為。上仁者以仁心行仁政，但是無所為而為；上義者努力行義，卻是有所為而為；上禮者努力地推行禮法卻沒人響應，只好揎起袖子，用刑罰來強迫牽引人民就範了。所以失去了道而後才有德，失去了德而後才有仁，失去了仁而後才有義，失去了義而後才有禮。談到禮的提倡，是表示人的忠信觀念日趨衰薄，而且禍亂將要開始。自謂先知先見的自作聰明的人，只不過是得到道的虛華外表，却沒得到實質的道，愚昧將由此開始。因此得道之君處身敦朴而不刻薄，居心忠信而不虛華。他去除刻薄與虛華，而採取敦朴與忠信。

【韻讀】

此章江氏韻讀無韻。

第三十九章

昔之得一者：天得一以清，地得一以寧，神得一以靈，谷得一以盈，萬物得一以生，侯王得一以爲天下貞，其致之㈠。天無以清將恐裂，地無以寧將恐廢，神無以靈將恐歇，谷無以盈將恐竭，萬物無以生將恐滅，侯王無以貞將恐蹶㈡。故貴以賤爲本，高以下爲基，是以侯王自稱孤、寡、不穀，此非以賤爲本邪？非乎㈢？（人之所惡，唯孤、寡、不穀，而王公以爲稱㈣。）故至譽無譽㈤。（物或損之而益，或益之而損㈥。）不欲琭琭如玉，珞珞如石㈦。

【註釋】

㈠**昔之得一者：天得一以清，地得一以寧，神得一以靈，谷得一以盈，萬物得一以生，侯王得一以爲天下貞，其致之。**

王弼曰：「一，數之始而物之極也。」

林希逸曰：「一者，道之數也。」

河上公曰：「言天得一，故垂象清明；地得一，故能安靜不動搖；神得一，故能變化無形。」

釋憨山曰：「谷，卽海也。海得之而納百川，故長盈。萬物得之而各遂其生，侯王得之而為天下正。正猶長。所謂君長也。」

勞健曰：「『侯王得一以為天下正』，『貞』字景龍、景福本均作『正』。」易順鼎曰：「『貞』或作『正』，古字通用。」

案：「一」是萬數之始，「道」是萬物之宗，所以老子用萬數之始的「一」，做爲萬物之始的「道」的代號。老子說，自古以來，凡是能得「道」的，都有很好的結果：比如天能得道，日月星辰的運轉，才能清明正常；地能得道，才能安靜不動搖；神能得道，才能顯現他的威靈；谿谷能得道，才能充盈；萬物得道，才能生存；侯王能得道，才能做爲天下人的君長。其是指天、地、神、谷、萬物及侯王六者。致是招致、獲得的意思。之是指清、寧、靈、盈、生及貞六者。其致之，是說天地等因爲能得道，所以能獲得清寧等良好的結果。

(二)天無以清將恐裂，地無以寧將恐廢，神無以靈將恐歇，谷無以盈將恐竭，萬物無以生將恐

滅，侯王無以貞將恐蹶。

焦竑曰：「裂，破毀也。發，發泄也。歇，消滅也。竭，枯竭也。蹶，音厥，顛仆也。」

景龍本「將恐廢」作「將恐發」。劉師培曰：「發讀為廢，《說文》：『廢，屋頓也。』又《左傳》杜注：『廢，墜也。』頓墜之義，與傾圮同。恐發者，猶言將崩圮也，卽地傾之義，發為廢字之省形。」

羅振玉曰：「敦煌本無『萬物無以生將恐滅』句。」

「侯王無以貞將恐蹶」，景龍本作「侯王無以貴高將恐蹶」。易順鼎曰：「當作『侯王無以貞將恐蹶』，貞誤為貴。後人見下文『貴以賤為本，高以下為基』二句，以為承上文而言，妄於『貴』下又加『高』字，遂致踵訛襲謬，而義理不可通矣。」

案：這段話是承上文而說明反面的道理。道是宇宙萬物生成的總原理，所以得道者就有利，失道者就有弊。比如天失道，將無法清明而破毀；地失道，將無法安靜而荒廢；神失道，將無法顯靈而消失；谿谷失道，將無法充盈而枯竭；萬物失道，將無法生存而絕滅；侯王失道，將無法做爲君長而顛覆。

㈢**故貴以賤爲本，高以下爲基，是以侯王自稱孤、寡、不穀，此非以賤爲本邪？非乎？**

河上公曰：「言必欲尊貴，當以薄賤為本。若禹稷躬稼，舜陶河濱，周公下白屋也。必欲尊高，當以下為本基。猶築牆造功，因卑成高，下不堅固，後必傾危。」
范應元曰：「轂，善也。又百轂之總名。春秋王者多稱不轂。」不轂有不善的意思。又「孤」、「寡」是孤德、寡德的意思。古代帝王都謙稱自己為孤、寡、不轂。河上公本作「不轂」，注曰：「不轂喻不能如車轂，為衆輻所湊。」洪頤煊曰：「左傳杜注：『孤寡不轂，諸侯謙辭。』字皆作『穀』。此『轂』為穀之借字，河上注讀為車轂之轂，失之。」

案：這段話是承上文「侯王得一以爲天下貞」來。「登高必自卑，行遠必自邇」（中庸），任何事情都應由基本做起，基本穩固，然後才能節節高升而無危險。舜貴爲天子，但是他是從低賤的百姓做起。萬仞高山，是由一蕢土堆積起來的。所以說，尊貴要以低賤爲根本，崇高要以低下爲基礎。侯王深明此理，因此用「孤、寡、不穀」來謙稱自己。

㈣人之所惡，唯孤寡不穀，而王公以爲稱。

案：孤德、寡德與不善，一般人都不願以此自居，是一般人所厭惡的，然而王公卻以此稱呼自己。王公這種謙卑的美德，正如水；水能「處衆人之所惡，故幾於道」（八章）。
這三句話原是四十二章文字，義不連屬，所以根據馬敘倫的說法移此。

㈤故至譽無譽。

范應元曰：「譽，稱美也。」

嚴可均曰：「御注、王弼作『數輿無輿』。」

范應元曰：「河上公作『數車無車』。兩『車』、『輿』，皆『譽』之訛。」

案：這句話是承上文而來。侯王有至尊至貴的美譽，卻不以尊號自名，而自稱孤寡不穀。

㈥物或損之而益，或益之而損。

呂吉甫曰：「滿招損，謙受益，時乃天道也。」

釋憨山曰：「堯舜有天下而不與，至今稱之，澤流無窮，此自損而人益之，故曰或損之而益。若夫桀紂以天下奉一己，暴戾恣睢，但知有己，不知有人，故雖有天下而天下叛之，此自益者而人損之，故曰或益之而損。」

案：這兩句話是說，天下事理，本屬相對，唯明智盛德之士爲能深察篤行。王公以孤寡不穀自稱，看似自損，其實大受其益。桀紂以天下奉己，看似自尊，結果衆人損之。「不自見故明，不自是故彰，不自伐故有功，不自矜故長」（二十二章），便是損之而益。「自見者不明，自是者不彰，自伐者無功，自誇者不長」（二十四章），便是益之而損。孟子說：「有求全之毀，有不虞之譽。」〈離婁篇〉就是這意思。

這二句原是四十二章文字，根據馬敘倫的說法移此。

㈦不欲琭琭如玉，珞珞如石。

高亨曰：「琭琭，玉美貌。珞珞，石惡貌。」

羅振玉曰：「敦煌本作『落落』。」

朱謙之曰：「『琭琭』或作『碌碌』，又作『祿祿』。『落落』或作『珞珞』，蓋皆一聲之轉，與傳寫之異，古人通用。」

案：寶玉的外表雖美，却不實用；石塊的外表雖醜，却很實用。聖人不希望像徒有美麗外表而不實用的玉，希望像外表醜陋却很實用的石塊。

【語譯】

自古以來，凡是能得道的，都有很好的結果：天得道才能清明，地得道才能安寧，神得道才能顯現威靈，谿谷得道才能充盈，萬物得道才能生存，侯王得道才能做為天下人的君長。它們因為能得道，所以才能獲得這些好結果。相反地，天要是失道將無法清明而破毀，地失道將無法安寧而荒廢，神失道將無法顯靈而消失，谿谷失道將無法充盈而枯竭，萬物失道將無法生存而絕滅，侯王失道將無法做為君長而顛覆。所以尊貴須以低賤為根本，崇高要以低下為基礎。因此侯王自己謙稱孤寡不穀，這豈不是以低賤為根本嗎？不是嗎？一般人所厭惡的，就是孤寡不穀，然而王公却以此謙稱自己。所以有至尊至貴美譽的人，却不以尊貴的名號稱呼自己。因為天下間的事物是相對的，往往有料想不到的後果。有時候自我貶損却反而得別人的尊貴，有時候自我尊貴却反而遭到別人的貶損。聖人不希望像徒有美麗外表而不實用的寶玉，希望像外表醜陋却很實用的石塊。

【韻讀】

此章江氏韻讀：清、寧、靈、盈、生、貞韻（耕部），裂、廢、歇、竭、滅、蹶韻（祭部），邪、乎韻（魚部），琭、玉韻（侯部），珞、石韻（魚部）。

第四十章

反者道之動㈠。弱者道之用㈡。天下萬物生於有，有生於無㈢。

【註釋】

㈠**反者道之動。**

王弼曰：「高以下為基，貴以賤為本，有以無為用，此其反也，動皆知其所無，則物通矣。故曰：反者道之動。」

林希逸曰：「反者，復也，靜也。」

高亨曰：「反，旋也，循環之義。」

案：以上三家對於「反」字的解釋，可以歸納爲四種意義：一相反相成，二返本復初，三反覆循環，四相反相剋。老子認爲任何事物都在相反對立的狀態下形成，比如「先與後」是相反對立的，但是「後其身而身先」（七章）。「弱與強」是相反對立的，但是「將欲弱之，必固強之」（三十六章）。「枉與直」是相反對立的，但是「枉則直」（二十二章）。這就是相反相成的道理。也就是海格爾所說：「歷史進化常經正反合三階級」的意思（馮友蘭《中國哲學史》）。老子又認爲自然界中的萬事萬物的運動變化，都依循著一定的規律，這個規律就是「返本復初」。就萬物來說，「萬物並作，吾以觀復，夫物芸芸，各復歸根，歸根曰靜，是謂復命。」（十六章）「大曰逝，逝曰遠，遠曰反。」（二十五章）這兩段話中的「復」、「反」，都在說明萬物的運動變化，最後總要返回到它的根源。也就是「返本復初」的道理。就人類來說，「常德不離，復歸於嬰兒。」（二十八章）孟子說：「大人者，不失赤子之心。」（離婁篇）耶穌說：「你們若不回轉，像小孩子的模樣，斷不得進天堂。」老子的「嬰兒」，孟子的「赤子之心」，耶穌的「小孩子的模樣」，都在說明人類不管如何成長演變，總要回復到嬰兒的純眞，也就是「返本復初」的道理。老子又認爲自然界的事物的運動變化，還有一個定律，就是「反覆循環」。他說：「獨立而不改，周行而不殆。」（二十五章）「既得其母，以知其子；既知其子，復守其母。」（五十二章）這兩段話中的「周行」、「復守」，都含有反覆循環的意思。像「日月的代明」，「四時的變化」，正因爲它的反覆循環，才能綿綿不絕，永無止境。老子又認爲相反對立的事物，除相成的作用外，又有相剋的作用。例如：「柔弱勝剛強」（三十六章）「天下之至柔，馳騁天下之至堅。」（四十三章）「天下莫柔弱於水，而攻堅強者莫之能勝。」（七十八章）柔弱與剛強是相反對立的，柔能剋剛，弱能剋強。又：「靜勝躁，寒勝熱。」（四十五章）靜與躁，寒與熱，都是相反對立的事物，由情理上看，個性沈靜的人能勝浮躁的人；從物理上看，寒水可以剋制熱火。由以上數章可知，相反對立的事物，常有剋制對方的作用，也就是「相反相剋」的道理。所以老子說：「反」，就是道運行的規律。

(二)弱者道之用。

案：「反者道之動」，是說明道的運動的規律。「弱者道之用」，是說明道的作用以「柔弱」爲原則。因其「柔弱」，所以「可久」、「可大」。老子說：「天下至柔，馳騁天下至堅。」（四十三章）「人之生也柔弱，其死也堅強，萬物草木之生也柔脆，其死也枯槁；故堅強者死之徒，柔弱者生之徒。是以兵強則滅，木強則折。強大處下，柔弱處上。」（七十六章）天下莫柔弱於水，而攻堅強者莫之能勝，以其無以易之。弱之勝強，柔之勝剛，天下莫不知，莫能行。」（七十八章）從以上三段話看來，老子認爲「柔弱」是道的正常作用，只有固守「柔弱」，才能無往不利，長生久視。

(三)天下萬物生於有，有生於無。

焦竑曰：「天下之物生於有，所謂有名萬物之母是已。有生於無，所謂無名天地之始是已。無必生有，是故貴其反。反者，反於無也。有生於無，是故貴其弱。弱者，無之似也。」

嚴可均曰：「『天下萬物』，御注作『之物』。」

案：老子用「有」「無」來說明，道由無形質落實到有形質的活動過程。「無」是代表抽象的、形而上的萬物所據以生成的基本原理；「有」是代表具體的、形而下的萬物所資以生成的基本原質。原理加原質，於是「四時行焉，百物生焉。」

【語譯】

反本復初，相反相成，反覆循環是道的運動規律。柔弱是道的作用。天地萬物由有形的原質生成，有形的原質由無形的原理（道）所產生。

【韻讀】

此章韻讀，江氏無韻。高本漢以爲：動、用韻。

第四十一章

上士聞道，勤而行之；中士聞道，若存若亡；下士聞道，大笑之。不笑不足以為道(一)。故建言有之：明道若昧(二)。進道若退(三)。夷道若纇(四)。上德若谷(五)。大白若辱(六)。廣德若不足(七)。建德若偷(八)。質德若渝(九)。大方無隅(十)。大器晚成(十一)。大音希聲(十二)。大象無形(十三)。道隱無名(十四)。夫唯道，善貸且成(十五)。

【註釋】

(一)**上士聞道，勤而行之；中士聞道，若存若亡；下士聞道，大笑之。不笑不足以為道。**

陸希聲曰：「易曰：『形而上者謂之道，道也者通乎形外者也。形而下者謂之器，器也者止乎形內者也。』上士知微知彰，通乎形外，故聞道而信，則勤行之。中士在微彰之際，處道器之閒，故聞道而疑信相半，故若存若亡。下士知彰而不知微，止乎形內，故聞道則大笑之。不唯笑之，且將非之矣。夫道也者，微妙玄通，深不可識，苟不為下士所笑，則不足以為道矣。」

嚴可均曰：「『勤而行之』，御注無『之』字。」

俞樾曰：「按王念孫《讀書雜誌》曰：「大笑之，本作『大而笑之』，與上文『勤而行之』兩句相對。傅奕本『上士聞道，而勤行之；下士聞道，而大笑之。』蓋誤移兩『而』字於句首。」

案：孔子分別人類的資質爲三等：從知的方面說，有生知、學知、困知；從行的方面說，有安而行之、利而行之、勉強而行之。佛家說衆生平等（同具佛性），但是根有利鈍的差異。同樣地，老子也認爲人類的資質也有高低的不同，所以他把他們區分爲上士、中士、下士三等。由於資質的不同，對於道的感受，也有不同。上士聽見道，因爲能夠徹底了解道的眞諦，所以勤勉地實行它；中士聽見道，因爲見識不夠，部分了解，部分不了解，所以似有似無，半信半疑；下士聽見道，因爲見識淺陋，根本無法了解，以爲荒唐不經，所以大笑它。道是深微奧妙的東西，如果下士都能了解，而不被他所笑的話，就不可以成爲道了。

(二)故建言有之：明道若昧。

林希逸曰：「建言者，立言也。自古立言之士有此數語。」

河上公曰：「聖人雖有獨知之明，常如闇昧，不以曜亂人也。」

案：道本來是光明的，由於它的光明內斂，所以從外表看來，却好像昏闇的樣子。這句話和第四章「和其光」，第五十八章「光而不曜」的意義相同。說文：「昧，闇也。」若，有似之」（六十六章）。從表面看來好像是退縮，事實上它是前進的。由此可知，老子對於事物的觀察，不但注意到它的正面，同時也注意到它的負面。並從負面去透視正面，進而達到正面的效果。

㈢**進道若退**。

釋憨山曰：「小人矜誇競躁，聖人以謙自守，以卑自牧，故進道若退。」

案：道的運動，以相反相對爲原則。聖人效法天道，一切行爲也以「反」爲原則。所以「後其身而身先，外其身而身存」（七章），「聖人欲上民，必以言下之；欲先民，必以身後之」（六十六章）。從表面看來好像是退縮，事實上它是前進的。由此可知，老子對於事物的觀察，不但注意到它的正面，同時也注意到它的反面。並從反面去透視正面，進而達到正面的效果。

㈣**夷道若纇**。

《左傳》昭公十六年：「刑之頗纇」，服注：「纇，不平也。」

朱謙之曰：「景龍本作『夷道若颣』。纇、颣古通用。」

案：這句話是說，道本來是平坦容易實行，然而一般人往往覺得崎嶇難行。所以老子感慨地說：「吾言甚易知，甚易行；天下莫能知，莫能行。」（七十章）夷，平的意思。

(五)**上德若谷。**

河上公曰：「上德之人若深谷，不恥垢濁也。」

馬敍倫曰：「各本作谷，俗之省也。言高上之德，反如流俗，卽和光同塵之義。」

案：上德之人本來是崇高偉大的，可是他却謙卑處下，虛懷若谷。所以老子說：「爲天下谷，常德乃足，復歸於樸。」（二十八章）老子常常喜歡用「谿谷」來象徵謙卑、沖虛、忍辱、能容的特性。

(六)**大白若辱。**

河上公曰：「大潔白之人，若汚辱不自彰顯。」辱通黷，垢黑也。

高亨曰：「此句疑當在『大方無隅』句上。用德字諸句相依，其證一也。用大字諸句相依，其證二。」

案：老子認爲修德的要領，要「知其白，守其辱。」（二十九章）就是純眞潔白爲目標，但是要固守垢黑汚辱，以此警惕自己。因此有純眞潔白之德的人，表面上看來却像垢黑汚辱的樣子。

(七)**廣德若不足。**

河上公曰：「德行廣大之人，若愚頑不足也。」

呂吉甫曰：「廣德者，廓然其無不容也，而未嘗自見自是自矜自伐，斯不亦若不足乎？」

朱謙之曰：「『《莊子．寓言篇》：「老子曰：大白若辱，盛德若不足。」』疑『廣德』為『盛德』之訛。馬敘倫曰：『當從莊子作盛是也。』」

案：德行廣大的人，常自以爲缺德；正因爲常自以爲缺德，所以才不缺德。這句話和三十九章「侯王自謂孤寡不穀」的意義是一樣的。

(八)**建德若偷。**

俞樾曰：「建當讀為健，釋名釋言曰：『健、建也。能有所建為也。』是建、健音同義通。建德若偷，言剛健之德，反若偷惰。」

案：聖人修道進德，依序漸進，恬淡柔弱，像烏龜走路一樣，表面上看來好像偷惰的樣子，事實上最剛健有恆。

(九)**質德若渝。**

高亨曰：「質，實也。……渝借為窬。說文：『窬，空中也。』……質德若渝，猶言實德若虛耳。」

景龍本作「質真若渝」。劉師培曰：「案上文言『廣德若不足，建德若偷。』此與並文，疑『真』亦作『德』，蓋德字正文作『悳』，與『真』字相似也。『質德』與『廣德』『建德』一律。」

案：這句話是說，道德修養得很充實的人，反而覺得自己的道德空虛。

㈩大方無隅。

王弼曰：「方而不割，故無隅也。」

易順鼎曰：「『大方無隅』，道德指歸論作『大方不矩』。」

案：得道聖人外圓內方，心中自有原則，而應物婉轉，無不圓通，方隅內藏，所以不會傷害到別人。

(十一)大器晚成。

陳柱曰：「晚者免之借字。免成猶無成，與上文『無隅』，下文之『希聲』，『無形』一例。」

案：陳柱的說法，「大器晚成」就是「大器無成」。就器物來說，偉大的器物是沒有一定的用途，它應用廣大。就人物來說，有偉大才器的人，博學多能，他的成就是不限於任何一方面，做什麼。像什麼。也就是莊子所說的「無用之用」，「無用」就是沒有一定的用途。也就是孔子所說的「君子不器」，「不器」就是不像器物，只能有一種用途。河上公本作「大器晚成」，解釋爲：「大器之人，若九鼎瑚璉，不可卒成。」意思是說，偉大的人物，像九鼎瑚璉一樣，要經過漫長的時間，慢慢地鑄造雕琢，才能成器。

㈩**大音希聲。**

王弼曰：「聽之不聞名曰希，不可得聞之音也。」

王先慎曰：「傅奕本『音』作『言』。」

案：聲音必須經過耳朵的聽覺，再引起內心的聯想，才能體會出它的美。耳朵是屬於感覺範圍，但心又超出感覺範圍。所以可以用「惟恍惟惚」（二十一章）來形容它。「希聲」就是「無聲」，就好像「希言」就是「無言」。老子認為，凡是一種偉大的聲音，是很少能夠聽得到的，甚至於聽不到聲音，但是無聲卻勝有聲。比如道，它是聽之不聞的，美妙的音樂，人間那得幾回聞，偉大的教育方法，是行不言之教。

㈢**大象無形。**

案：老子第十四章：「是謂無狀之狀，無物之象，是謂惚恍。」道千變萬化，它沒有一定的形狀，也沒有一定的形象。所以老子說，偉大的形象，是沒有一定的形象。

㈣**道隱無名。**

河上公曰：「道潛隱，使人無能指名也。」

王弼曰：「物以之成，而不見其成形，故隱而無名也。」

案：道是「微妙玄通，深不可識」（十五章），因此無法形容它，也無法給它一個適當的名稱。

隱是隱微玄妙的意思。名可作形容或名稱講。

(十五)**夫唯道，善貸且成。**

河上公曰：「成，就也。言道善稟貸人精氣，且成就之也。」

陸希聲曰：「夫唯善濟貸於萬物而不責其報，是以萬物受其生成，而不知其德。」

朱謙之曰：「范應元本作『善貸且善成』。」

于省吾曰：「景龍本作『夫唯道善貸且善』，當脫『成』字。」

案：這句話是說，宇宙間只有道最善於施與萬物、成就萬物。說文：「貸，施也。」

【語譯】

上士聽見道，因為能夠徹底了解道的真諦，所以勤勉地施行它；中士聽見道，因為見識不夠，部分了解，部分不了解，所以似有似無，半信半疑；下士聽見道，因為見識淺陋，根本無法了解，以為荒唐不經，所以大笑它。如果不被下士所笑的話，也就不成為道了。所以古時候善於立言的人有這樣的一段話：光明的道卻好像昏闇的樣子；積進的道卻好像退縮的樣子；平易的道卻好像崎嶇難行的樣子；有崇高美德的人，卻好像谿谷一樣地謙卑；有純潔美德的人，卻好像汙垢不潔的樣子；有廣大德行的人，卻好像缺德的樣子；有剛健之德的人，卻好像偷惰的樣子；道德修養充實的人，卻好像空虛的樣子；最方正的人物，却沒有稜角；最偉大的器物，沒有固定的用途；最偉大的聲音，聽不到它的聲音；最偉大的形象，沒有一定的形象；道是隱微玄妙的，因此無法給他一個適當的名稱；宇宙間只有道最善於施與萬物、成就萬物。

【韻讀】

此章江氏韻讀：行、亡韻（陽部），笑、道韻（幽宵通韻），昧、退、纇韻（脂部），谷、辱、足、偷、渝、隅韻（侯部），成、聲、形、名、成韻（耕部）。

第四十二章

道生一，一生二，二生三，三生萬物㈠。萬物負陰而抱陽，沖氣以爲和㈡。人之所惡，唯孤寡不穀，而王公以爲稱。故物或損之而益，或益之而損㈢。人之所教，我亦教之㈣。強梁者不得其死㈤。吾將以爲教父㈥。

【註　釋】

㈠**道生一，一生二，二生三，三生萬物。**

呂吉甫曰：「道之在天下，莫與之偶者，莫與之偶，則一而已矣，故曰：『道生一』。」

案：老子以爲「道」是宇宙萬物的唯一來源，是獨一無二的，因此他用「一」來代表道。一就是道，道就是理，就是自然生化之理。「二」是陰陽二氣，陰陽二氣是宇宙之基本原質。陰陽二氣相互激盪，便產生一種調和的狀態。在這調和的狀態中，便產生了第三者。萬物就是在這種情況中產生出來的。所以這章所說的一、二、三，是指道產生萬物的活動過程。

(二)萬物負陰而抱陽，沖氣以爲和。

吳澄曰：「和，謂陰陽適均而不偏勝。」

高亨曰：「沖氣以爲和者，言陰陽二氣涌搖交蕩以成和氣也。」說文：「沖，涌搖也。」引伸有激盪的意思。

嚴靈峰曰：「孤陰不生，獨陽不長；道含陰陽，萬物皆由道而生，故萬物皆負陰而抱陽也。」

范應元本「沖」作「盅」。

案：陰陽觀念始於《周易》，老子用它作爲宇宙論的基本觀念。「陰陽不具則不生，陽陽不調則不成」，所以萬物的生成，必定稟賦陰陽二氣。陰陽二氣相互激盪，便產生調和的狀態。

(三)人之所惡，唯孤寡不穀，而王公以爲稱。故物或損之而益，或益之而損。

案：人之所惡，……而王公以爲稱。」這三句陳柱本移三十九章「非乎」句下，「至譽無譽」句上。「故物或損之而益，或益之而損。」這兩句陳柱本移三十九章「至譽無譽」句下，「不欲琭琭如玉」句上。

(四)人之所教，我亦教之。

案：這兩句與上下文不連貫，疑係四十三章「不言之教無爲之益天下希及之」句下之錯簡。

㈤**強梁者不得其死。**

案：這句話與上下文不連貫，疑係七十六章「木強則折」句下錯簡。

㈥**吾將以爲教父。**

案：這句話應移四十三章「天下希及之」句下，接「我亦教之」句下。

【語譯】

道是獨一無二的。獨一無二的道產生陰陽二氣。陰陽二氣交合產生第三者。萬物就在這種狀況下不斷產生出來。萬物都稟賦著陰陽二氣，陰陽二氣互相激盪，便產生調和的狀態。

【韻讀】

此章江氏無韻。

第四十三章

天下之至柔，馳騁天下之至堅㈠。無有入於無間㈡。吾是以知無爲之有益㈢。不言之教，無爲之益，天下希及之㈣。人之所教，我亦教之，吾將以爲教父㈤。

【註　釋】

㈠**天下之至柔，馳騁天下之至堅。**

河上公曰：「至柔者水，至堅金石，水能貫堅入剛，無所不通。」

蘇子由曰：「以堅御堅，不折則碎；以柔御堅，柔亦不靡，堅亦不病。求之於物，則水是也。」

羅振玉曰：「敦煌本無『騁』字。」

朱謙之曰：「范應元本作『馳騁於天下之至堅』，多『於』字。」

案：這句話說明柔弱的作用。從物理上說，堅硬的東西相碰，不折則碎。柔軟的東西碰堅硬的東西，却兩不相傷，甚至柔弱邊可以勝剛強。比如水是天下最柔弱的東西，却能穿山透地，貫金入石。所以老子說：天下最柔弱的東西，可以役使天下最堅強的東西。馳騁，就是役使、駕御的意思。

㈡無有入於有間。

呂吉甫曰：「天下之至柔，馳騁天下之至堅。觀於物，則水是也。無有入於無間，觀於物，則氣是也。」

嚴可均曰：「傅奕本、《淮南子》作『出於無有，入於無間。』景龍本作『無有入於無閒。』」閒蓋間之誤。

案：上句的至柔，可以用有形的水做譬喻。這裏的無有，可以用無形的氣作譬喻。無間就是沒有空隙，凡是沒有空隙的，都是密度大到極點的最堅實的東西。然而無形的氣却能滲透進去。

㈢吾是以知無爲之有益。

王弼曰：「虛無柔弱，無所不通。無有不可窮，至柔不可折，以此推之，故知無為之有益也。」

羅振玉曰：「景龍本、敦煌本均無『吾』字、『之』字。」

案：老子從天道自然方面觀察，體會到「至柔可以馳騁至堅，無有可以入無間」。把這種道理轉移到人事方面，就是「清靜無爲」的道理。所以治國能「清靜無爲」，則無人不化，無物不克。

㈣**不言之教，無爲之益，天下希及之。**

朱謙之曰：「傅奕本『希』作『稀』，下有『矣』字。」

案：老子主張：教導人要不妄言，治事要不妄爲。果能如此做到，一定能夠收到「我無爲而民自化，我好靜而民自正，我無事而民自富，我無欲而民自樸」（五十七章）的益處。可是天下人却很少人能夠做到它。難怪老子感慨地說：「吾言甚易知，甚易行；天下莫能知，莫能行。」（七十章）

㈤**人之所教，我亦教之，吾將以爲教父。**

河上公曰：「謂衆人所以教，去弱為強，去柔為剛。我教衆人，使去強為弱，去剛為柔。父，始也。老子以強梁之人，為教戒之始。」

焦竑曰：「母主養，父主教；故言生則曰母，言教則曰父。」

吳澄曰：「教父，猶言教之本。」

嚴靈峰先生說：「『人之所教，我亦教之，吾將以為教父』三句，係四十二章文，因與上文誼不相應，故移此『天下希及之』句下。」

案：這段話是說，一般人都拿「去弱爲強，去柔爲剛」的道理來教導人，我也要拿一套道理教人，那就是「去強爲弱，去剛爲柔」，我將把它做爲教人的根本道理。

【語　譯】

天下最柔弱的東西，可以役使天下最堅强的東西。無形的力量，能滲透進入沒有空隙的地方。因此我知道用「無為」來治理國家一定有好處的。用不妄言的方法教導人，用不妄為的原則治理國家，是可以收到益處的，可是天下人却很少能夠做到它的。一般人都拿「去弱為强，去柔為剛」的道理教導人，我也要拿「去强為弱，去剛為柔」的道理教導人，我將把它做為教人的根本道理。

【韻　讀】

此章韻讀，江氏無韻。高本漢以堅、間爲韻（元、真通韻）。

第四十四章

名與身孰親？身與貨孰多？得與亡孰病㈠？是故甚愛必大費，多藏必厚亡㈡。知足不辱，知止不殆，可以長久㈢。

【註釋】

㈠**名與身孰親？身與貨孰多？得與亡孰病？**

王弼曰：「尚名好高，其身必疏；貪貨無厭，其身必少；得多利而亡其身，何者為病？」

奚侗曰：「說文：『多，重也。』引伸為輕重之重。」

朱謙之曰：「景龍本『孰』作『熟』，孰熟古通用。」又曰：「『亡』字李道純、張嗣成作『失』。馬敍倫以為俗人妄改，『亡』與『病』韻。」

案：道家是很重視養生的，但是並不像一般人所說的那樣玄秘。他們養生的理論，在積極方面，則主張養神全性；在消極方面，則主張勿戕生與勿益生。名譽與財貨，在老子看來都是身外之物，無益於養生，甚至於有累於生、有害於生。凡是無益於生的東西，都不值得重視。

失之不足憂，得之不足喜。所以老子要問大家，名譽與身體，那一個比較可愛？身體與財貨，那一樣比較重要？得到名譽財貨和喪亡身體生命，那一樣害處比較大？親有可愛的意思。多有重要的意思。病是害處的意思。

(二)是故甚愛必大費，多藏必厚亡。

王弼曰：「甚愛不與物通，多藏不與物散，求之者多，攻之者衆，為物所病，故大費厚亡也。」

嚴靈峰先生曰：「過於愛名者，必耗損其精氣；且名高謗至，傷性失神：故曰『大費』也。」

釋憨山曰：「如歛天下之財，以縱鹿臺之欲，天下叛而臺已空，此藏之多，而不知所亡者厚矣。」

嚴可均曰：「河上、景福、顧歡本均無『是故』二字。」

案：這兩句話是承上文而來。愛是愛名，藏是藏財貨。費是耗費精力，亡是喪亡身體。老子說，所以過份愛好名譽的人，必定要大大地耗費他的精力；過份歛藏財貨的人，必定有重大的喪亡。因此，凡事不要勉強而為，也不要勉強把持；否則的話，「為者敗之，執者失之」。（二十九章）「金玉滿堂，莫之能守」了。（九章）

㈢知足不辱，知止不殆，可以長久。

河上公曰：「知足之人絕利去欲，不辱於身；知可止則財利不累身，聲色不亂於耳目，則身不危殆也。」又曰：「人能知止知足，則福祿在己，治身者神不勞，治國者民不擾，故可長久。」

羅振玉曰：「此句之首，景龍本、敦煌本皆有『故』字。」

李翹曰：「《淮南子·人間訓》引三句同，惟『長』作『脩』，淮南書諱父名也。」

案：一般人都有不知足、不知止的缺點，於是會給自己心裏上帶來煩惱，行爲上帶來窘困。爲了解決這個缺點，老子與孔子都勸告我們要「節制」自己。孔子說：「以約失之者鮮矣！」〈里仁篇〉這句話裏的「約」字，就是約束、節制的意思。孔子認爲，凡在言行上有節制的人，是很少有過失的。老子也認爲，凡是心裏上知道滿足的人，就不會受到屈辱；行爲上知道適可而止的人，就不會有危殆：這樣才可以長久生存。

【語譯】

名譽與身體，那一個比較可愛？身體與財貨，那一樣比較重要？得到名譽財貨和喪亡身體生命，那一樣害處比較大？所以過份愛好名譽的人，必定要大大地耗費他的精力；過份歛藏財貨的人，必定有重大的喪亡。因此，心裏上知道滿足的人，就不會受到屈辱；行為上知道適可而止的人，就不會有危殆：這樣才可以長久生存。

【韻讀】

此章江氏韻讀：身、親韻（真部），貨、多韻（歌部），亡、病韻（陽部，病音旁），愛、費韻（脂部，愛音懿），藏、亡韻（陽部），足、辱韻（侯部），止、殆、久韻（之部）。

第四十五章

大成若缺，其用不弊㈠。大盈若沖，其用不窮㈡。大直若屈㈢。大巧若拙㈣。大辯若訥㈤。靜勝躁，寒勝熱，清靜爲天下正㈥。

【註 釋】

㈠**大成若缺，其用不弊。**

河上公曰：「大成者，謂道德大成之君。若缺者，滅名藏譽，如毀缺不備也。其用心如是，則無弊盡時也。」

《淮南子·原道訓》：「齒堅於舌而先之敝。」高注：「敝，盡也。」此處弊乃敝之假借字。

朱謙之曰：「『弊』傅奕本作『敝』。」

案：這一章是說明「反者道之動」（四十章）的道理。老子發現欲達某種目的，往往必須採取相反的手段。「曲則全，枉則直，窪則盈，弊則新」（二十二章），就是這種道理。侯王在道德方面是有大成的人，但是他却以「孤、寡、不穀自稱」（三十九章），把自己當作缺德的人看待。懂得應用這個道理的人，就不會有毛病。各家都把「弊」字當作盡講，本人覺得不太妥當。因爲下句「其用不窮」，這裏再把弊當盡講，豈不重複。「不弊」應該解釋爲沒有弊病、缺失，與上句「若缺」對文。

㈡**大盈若沖，其用不窮。**

河上公曰：「大盈者，謂道德大盈滿之君也。如沖者，貴不敢驕也，富不敢奢也。其用心如是，則無窮盡時也。」

朱謙之曰：「敦煌、遂州、傅奕、范應元本『盈』均作『滿』。傅奕、范應元本『沖』作『盅』。」蔣錫昌：「作盈是也，滿字以避漢惠帝諱而改。」

案：這句話是說，德性充實的人，態度反而謙虛。就是四十一章所說的「上德若谷，廣德若不足」的意思。也就是孔子所說的「有若無，實若虛」的道理。懂得應用這種道理的人，他的作用是深遠而無窮的。

㈢**大直若屈。**

河上公曰：「大直，謂修道法度正直如一也。如屈者，不與俗人爭，如可屈折。」

朱謙之曰：「傅奕、范應元本『屈』作『詘』。」

案：這句話是說，德性正直的人，立身處事，常常委婉迂曲，所以讓人有枉曲不直的感覺。二十二章的「枉則直」，正是這意思。

㈣**大巧若拙。**

河上公曰：「大巧者，謂多才術也。如拙者，亦不敢見其能也。」

王弼曰：「大巧因自然以成器，不造為異端，故若拙也。」

案：有大智巧的人，「不自見，不自是，不自伐，不自矜」（二十二章），外人很難看出他的眞正才能，因此誤以爲他是個愚拙的人。也就是「大智若愚」的意思。

㈤**大辯若訥。**

河上公曰：「大辯者智無疑，如訥者口無辭。」

王弼曰：「大辯因物而言，己無所造，故若訥也。」

羅振玉曰：「『訥』敦煌本作『吶』。」

朱謙之曰：「李道純、樓正本『辯』作『辨』。」

案：盛德之士，行「不言」之教，「希言」自然（二十三章），所以外表看起來，却像不善言說的樣子。五十六章的「知者不言」，《論語·里仁》的「君子欲訥於言」，和這句話的意思相同。說文：「訥，言難也。」就是說話遲頓的樣子。所以，含愚之智是謂大智，含屈之直是謂大直，含拙之巧是謂大巧，含訥之辯是謂大辯。反之，徒巧而無拙，便會弄巧反拙。馮友蘭先生說：「一事物發展至極點，必變爲其反面；不變爲其反面者，其中必先含其反面，且不至極點。」正是這種道理。

㈥靜勝躁，寒勝熱，清靜爲天下正。

河上公曰：「能清靜則為天下長。」《爾雅》：「正，長也。」

「靜勝躁，寒勝熱」，河上公、王弼本都作「躁勝寒，靜勝熱」。蔣錫昌說：「此文疑作『靜勝躁，寒勝熱。』二十六章『靜為躁君』，靜躁對言，其證一；六十章王注『躁則多害，靜則全真』，靜躁對言，其證二；《淮南子·主術》『人主靜漠而不躁』，亦靜躁對言，其證三。『靜勝躁，寒勝熱』，言靜可勝動，寒可勝熱也。二句詞異誼同，皆所以喻清靜無為勝於擾動有為也。」蔣說有道理，根據他的說法改正。

案：從物理上說，冷可以勝熱。水是冷的，火是熱的，所以水可以滅火。從情理上說，沈靜可以勝過浮躁。因此老子認爲，能清靜無爲治國的人，可以做爲天下人的君長。

【語　譯】

道德完美的人，好像有缺欠的樣子，可是他的作用却沒有缺失。德性充實的人，態度反而謙虛，可是他的作用却深遠無窮。德性正直的人，立身處事委婉迂曲，所以讓人好像有枉曲不直的感覺。大智巧的人，不自我表現，所以讓人好像有愚拙的感覺。最有辯才的人，希言自然，所以讓人好像有說話遲頓的感覺。沈靜勝過浮躁，寒冷克服炎熱，能夠固守清靜無為的人，可以做為天下人的君長。

【韻讀】

此章江氏韻讀：缺、敝韻（祭部，敝音蹩），沖、窮韻（中部），屈、拙、訥、熱韻（脂祭通韻，屈音鈌，拙叶音梲，訥叶奴月反），靜、正韻（耕部）。

第四十六章

天下有道，却走馬以糞㈠；天下無道，戎馬生於郊㈡。禍莫大於不知足，咎莫大於欲得㈢。故知足之足，常足矣㈣！

【註　釋】

㈠**天下有道，却走馬以糞。**

河上公曰：「糞者，糞田也。治國者，兵甲不用，却走馬以治農田。」

畢沅曰：「糞、播古通用。」玉篇：「播、種也。」

吳澄曰：「却，退也。」

羅振玉曰：「『糞』，敦煌本作『𡊅』，乃『糞』之別構。」

朱謙之曰：「『糞』，傅奕本作『播』。」畢沅曰：「糞、播古字通用。」

案：從這一章可以看出老子的反戰思想。他說：當天下太平的時候，用不著馬來作戰，只好把這些馳騁疆場的戰馬，退回農村幫忙種田。

㈡**天下無道，戎馬生於郊。**

河上公曰：「謂人主無道也，戰伐不止，戎馬生於郊境之上，久不還也。」

吳澄曰：「郊者，二國相交之境。」

案：反過來說，當天下變亂的時候，不分雄馬母馬都要馳騁於戰場。由於久戰不歸，懷孕的母馬便在郊外生產。從這一句話，可以看出戰爭的殘酷。

㈢**禍莫大於不知足，咎莫大於欲得。**

陸希聲曰：「心見可欲，非理而求，故罪莫大焉；求而不已，必害於人，故禍莫大焉；欲而必得，其心愈熾，故咎莫重焉。」

說文：「咎，災也。」此處當「罪過」講較為適當。

羅振玉曰：「景龍、御注、敦煌、景福本於『禍莫大於不知足』句上，有『罪莫大於可欲』句。」嚴可均曰：「王弼本無此句。」

案：戰爭是殘酷的，所以老子想盡辦法阻止它。想阻止它，必須窮究它發生的原因。他認爲原因所在，就在於統治者的「不知足」與「欲得」。所謂「欲得」，就是看到一樣東西，不管該不該得，他都要。當他要到的時候，如果能適可而止還好，他偏偏又不知滿足，於是大家便你爭我奪，最後只好用武力——戰爭來解決。有爭必戰，所以叫戰爭。有戰必亂，所以叫戰亂。因此，老子說災禍沒有比不知滿足更大，罪過沒有比貪得無厭更嚴重的。

(四)故知足之足，常足矣！

呂吉甫曰：「不知足者，雖足而不足；則知足之足，常足也可知矣！」

羅振玉曰：「敦煌本無『故』字、『矣』字。」

案：這句話是總結上面的話。貪心不知滿足，既然是戰爭的原因，那麼根本解決的方法，就是要統治者知道滿足。所以老子說，知道滿足的人，這種滿足才是永久的滿足。也只有永久滿足的人，才能常常享受到眞正的快樂。所以說：「知足常樂。」

【語譯】

當天下有道的時候，戰爭無從發生，所以只好把馳騁疆場的戰馬，退回農村種田。當天下無道的時候，母馬也要上戰場。由於久戰不歸，便在郊野生產。災禍沒有比不知滿足更大的，罪過沒有比貪得無厭更嚴重的。所以知道滿足的人，這種滿足才是永久的滿足。

【韻讀】

此章江氏無韻。高本漢、陳柱以足、得、足爲韻。

第四十七章

不出戶，知天下；不闚牖，見天道㈠。其出彌遠，其知彌少㈡。是以聖人不行而知，不見而明，不爲而成㈢。

【註釋】

㈠**不出戶，知天下；不闚牖，見天道。**

河上公曰：「聖人不出戶以知天下者，以己身知人身，以己家知人家，所以見天下也。」

又曰：「天道與人道同，天人相通，精氣相貫。」

王弼曰：「事有宗而物有主，途雖殊而同歸也，慮雖百而其致一也。道有大常，理有大致，執古之道可以御今，雖處於今可以知古始，故不出戶闚牖而可知也。」

羅振玉曰：「景福本『戶』下及下句『牖』下，均有『以』字。」

朱謙之曰：「傅奕本、范應元本作『不出戶，可以知天下。』」

朱謙之曰：「御注、邢玄、慶陽、磻溪、樓正、河上、顧歡、彭耜、傅奕均作『窺』。」

畢沅以為「穴中竊視曰窺，門中竊視曰闚，應用『闚』字。」

案：東方型的思想家，都有內觀返照，靜觀自得的觀念。老子的這段話正可證明。「天下」是「今之有」，是具體的事物；「天道」是「古之道」，是抽象的原理、法則。「見天道」、「知天下」就是「執古之道，以御今之有」（十四章），就是「既得其母，以知其子」（五十二章）。老子以爲我們只要掌握這創生萬物的自然法則（天道），然後依此推理，不必走出門，也不必看窗外，自然能夠了解天下間的萬事萬物。

(二)其出彌遠，其知彌少。

王弼曰：「無在於一，而求之於衆也。道視之不可見，聽之不可聞，搏之不可得，如其知之，不須出戶，若其不知，出愈遠愈迷也。」

景龍本「彌少」作「彌近」。朱謙之曰：「『近』乃少字『之』誤。『少』傅奕本、范應元本作『尟』。」畢沅曰：「『尟』古鮮少字，諸本皆作『少』。」

案：道既然是天地萬物的本原，只要「執古之道」就可以知道「今之萬有」。反之，不能「執古之道」而離道愈遠，他所知道的也就愈少了。孟子說：「萬物皆備於我，反身而誠，樂莫大焉。」〈盡心篇〉想得「眞知」的人，只要向我心深處去探求，不必向外追尋。否則的話，你將白費心力。

㈢是以聖人不行而知，不見而明，不爲而成。

王弼曰：「得物之致，故雖不行而慮可知也；識物之宗，故雖不見而是非之理可得而名也；明物之性，因之而已，故雖不為而使之成矣。」

景龍本作「不見而名」。蔣錫昌曰：「『名』、『明』古雖通用，然老子作『明』，不作『名』。二十一章『不自見故明。』五十二章『見小曰明』，皆『見』、『明』連言，均其證也。今當據張嗣成本改。」

案：「不行而知」是「不出戶知天下」的意思。「不見而明」是「不窺牖，見天道」的意思。聖人因爲能夠「執古之道，以御今之有。」所以不必走出門，就能知道天下事物；不必看窗外，就能看清自然的法則。他的爲人處事都因順著這自然法則而不敢妄爲，因而沒有一樣事情做不成的。

【語譯】

天下事物的道理，就存在我們的心中，只要能夠內觀返照，固守此道，自然明瞭。有這種修養的人，他不必走出門戶，就可以知道天下事物；他不必看窗外，就可以明白自然的法則。走出門戶越遠的人，他所知道的越少。所以聖人不必走出門戶，却能知道天下事物，不必看窗外，却能明白自然的法則；他的為人處事都因順著自然法則而不敢妄為，因而沒有一樣事情做不成的。

【韻讀】

此章江氏韻讀：戶、下韻（魚部），牖、道、少韻（幽部）。姚文田、鄧廷楨以名、成爲韻。

第四十八章

爲學日益，爲道日損㈠。損之又損，以至於無爲㈡。無爲而無不爲㈢。取天下常以無事，及其有事，不足以取天下㈣。

【註　釋】

㈠**爲學日益，爲道日損。**

河上公曰：「學謂政教禮樂之學也；日益者，情欲文飾，日以益多。道謂自然之道也；日損者，情欲文飾，日以消損。」

王弼曰：「為學日益，務欲進其所能，益其所習；為道日損，務欲返虛無也。」

朱謙之曰：「傅奕、范應元本二『日』上並有『者』字。」

案：爲學是從事知識的探求，爲道是從事德性的修養。探求知識必須否定世俗的知識，才能得到眞知識；修養德性必須否定世俗的習氣，才能恢復德性的本眞。眞知識就是大智；恢復德性的本眞，就是明明德。擁有大智且能明明德的人，才能內聖外王。可是一般世人所學的，都是一些俗學。這種俗學學到最後，情欲日增，文飾日繁，天下從此生事多擾，學了有什麼用呢？還不如早一點棄絕它。所以老子說：「絕學無憂」（二十章）。但是爲道却不一樣，它可以使你的情欲文飾，日日消滅；可以使你恢復德性的本眞，又回歸到嬰兒般的純眞。

㈡損之又損，以至於無爲。

河上公曰：「損之者，損情欲。又損之，所以漸去。」又曰：「當恬淡如嬰兒，無所造為。」

朱謙之曰：「敦煌、御注、景福本均作『損之又損之』。」

案：這句話是承上文「爲道日損」來。爲道既然可以消滅情欲文飾，就要不間斷地消滅、再消滅，一直到「見素抱樸，少私寡欲」的境界爲止。這境界就是無爲。所謂無爲，就是一切順自然法則而爲而不造作。

㈢無爲而無不爲。

《淮南子．原道訓》曰：「所謂無為者，不先物為也。所謂無不為者，因物之所為。」

羅振玉曰：「景龍本、敦煌本均無『而』字。」

朱謙之曰：「嚴本脫『無為』二字，『不』作『以』。遂州本第二『無』下有『所』字。顧歡本第二『為』下有『也』字。趙孟頫本有『矣』字。傅奕本、范應元本『無為』下有『則』字。」

案：這句話又承上文「以至於無爲」來。一切都能順應自然法則而爲，萬事萬物才能各得其理，各盡其性；於是可以達到「無棄人，無棄物」（二十七章）無不爲的境界。「無不爲」就是沒有一樣事情做不成。

㈣取天下常以無事，及其有事，不足以取天下。

河上公曰：「取，治也。治天下當以無事，不當煩勞也。及其好有事，則政教煩，民不安，故不足以治天下。」

朱謙之曰：「趙孟頫、彭耜本上有『故』字。」

俞樾曰：「按『常』乃『當』之誤。河上公曰：『取，治也。治天下常當以無事』，疑河上公原注作『治天下當以無事』，後人因經文譌作『常』，因於注文增入『常』字耳。」

案：無事就是無爲，無爲就是因順自然之道。有事就是違反自然之道。老子說：「我無爲而民自化，我無事而民自富。」（五十七章）因此，他主張治理天下，應該常常採用因順情勢的方法，自然事半而功倍。反之，違反自然，生事擾民，不但事倍功半，甚至還要遭到失敗的後果。這種人就不可以用他來治理天下了。

【語譯】

探求俗學，情欲文飾，日益增多。修養德性，情欲文飾，日益消損。消損再消損，一直到能因順自然的地步。能因順自然，就沒有一樣事情做不好，沒有一樣事情不成功。所以治理天下，應當採用因順自然的方法，自然事半功倍；如果違反自然，這一個人就不可以用他來治理天下了。

【韻　讀】

此章韻讀江氏無韻。朱謙之以益、爲、爲韻（支部），損損、事事各自諧。

第四十九章

聖人無常心，以百姓心爲心㈠。善者吾善之，不善者吾亦善之，德善㈡。信者吾信之，不信者吾亦信之，德信㈢。聖人在天下，歙歙焉爲天下渾其心㈣。百姓皆注其耳目，聖人皆孩之㈤。

【註　釋】

㈠**聖人無常心，以百姓心爲心。**

河上公曰：「聖人重改革，貴因循，若自無心。百姓心之所便，因而從之。」

朱謙之曰：「敦煌本、顧歡本作『聖人無心』。」

帛書乙本作「聖人無恆心」

案：「常心」就是莊子齊物論所說的「成心」，孔子所說的「毋我」的「我」，也就是「私心」、「成見」的意思。聖人沒有私心成見，他把百姓的意見爲意見。老子的「以百姓心爲心」，孔子的「民之所好好之，民之所惡惡之」（〈中庸〉），孟子的「所欲與之聚之，所惡勿施爾也」〈離婁〉，這些意見都可代表古代儒道兩家的「民主」思想。

(二)善者吾善之，不善者吾亦善之，德善。

河上公曰：「百姓為善，聖人因而善之；百姓雖有不善者，聖人化之使善也。」

羅振玉曰：「景龍本、敦煌本『德』字並作『得』。」

案：這句話正是二十七章「聖人常善救人，故無棄人」，論語子張篇「嘉善而矜不能」的意思。聖人因爲有兼容並蓄的偉大胸襟，所以對於善良的人，我善待他，不善良的人，我也一樣地善待他，使他也變爲善人。德善就是得善，德借爲得。

(三)信者吾信之，不信者吾亦信之，德信。

河上公曰：「百姓為信，聖人因而信之；百姓為不信，聖人化之，使信也。」

案：這句話也是說明「聖人常善救人，故無棄人」的意思。誠信的人，我以誠信對待他；不誠信的人，我也以誠信對待他，使他也變爲誠信的人。德借爲得。

(四)聖人在天下，歙歙焉爲天下渾其心。

河上公曰：「言聖人為天下百姓渾濁其心，若愚闇不通也。」渾者，守其真；濁者，不照然也。

范應元曰：「歙，收歛也。」

嚴可均曰：「景龍本作『怵怵』，御注作『惵惵』，河上公本作『惔惔』，王弼本作『歙歙』，高翿本作『喋喋』。」《玉篇》：「惵惵，恐懼也。」《說文》：「怵，恐也。」

案：這句話是說，聖人在位，要使天下的人都能收歛情欲，使他們的心都能渾厚眞樸。

㈤百姓皆注其耳目，聖人皆孩之。

河上公曰：「注，用也。」

羅振玉曰：「王弼本無『百姓皆注其耳目』句。」

朱謙之曰：「傅奕本、范應元本作『咳』，嚴遵本作『駭』。」

案：這句話就是十二章「聖人爲腹不爲目」的意思。百姓只注意到聲色犬馬的耳目享受，可是「五色令人目盲，五音令人耳聾，……」（十二章），因此聖人要他們「見素抱樸，去私寡欲」（十九章），恢復到小孩一樣的純眞。「孩」字當動詞用，像小孩一樣的純眞的意思。老子喜歡用素、樸、孩、嬰兒來象徵純眞的天性。例如：「專氣致柔，能如嬰兒乎？」（十章）「如嬰兒之未孩。」（二十章）「常德不離，復歸於嬰兒。」（二十八章）

【語譯】

聖人大公無私，沒有私心成見，他把百姓的意見做為意見。對於善良的人，我善待他；不善良的人，我也一樣善待他，使他也變為善良的人。誠信的人，我以誠信對待他；不誠信的人，我也以誠信對待他，使他也變為誠信的人。聖人在位，他要使天下的人都能收歛情欲，使他們的心都能渾厚真樸。百姓只注意到聲色犬馬的耳目享受，聖人却要他們恢復到小孩一樣的純真。

【韻讀】

此章江氏韻讀無韻。陳柱以二心字韻，三善字韻，三信字韻。

第五十章

出生入死㈠。生之徒十有三，死之徒十有三，人之生，動之死地亦十有三㈡。夫何故？以其生生之厚㈢。蓋聞善攝生者，陸行不遇兕虎，入軍不被甲兵；兕無所投其角，虎無所措其爪，兵無所容其刄㈣。夫何故？以其無死地㈤。

【註釋】

㈠**出生入死**。

蔣錫昌曰：「此言人出於世為生，入於地為死。」

羅振玉曰：「敦煌本『十』作『什』。」

案：中國人稱生叫出世，死後入土爲安，所以叫出生入死。生死乃是人生必經的過程。

㈡生之徒十有三，死之徒十有三，人之生，動之死地亦十有三。

王弼曰：「十有三，猶云十分有三分。」

高延弟曰：「生之徒，謂得天獨厚，可以久生。死之徒，謂得天薄者，中道而殀。動而之死者，謂得天本厚，可以久生，而不自保持，自蹈死地。……夫天下之人以十分為率，殀死者居其三，自蹈於死者居其三，幸而得遂其生死之常者，僅居十之三耳。吁！此正命之人所由少歟！」

羅振玉曰：「景龍、御注、景福、敦煌四本均無『亦』字，景福本『動』下有『皆』字。」

朱謙之曰：「范應元本作『民之生生而動之死地，亦十有三。』」

案：生之徒，是指天生資質優厚，能夠長命百歲的人。死之徒，是指天生資質單薄，短命夭折的人。人之生動之死地，是指天生資質本來優厚，却不知珍惜，但知戕害生命，自蹈死地的人。老子由生到死把人類分成三種人。第一種人是天生長壽的，第二種人是天生短命的，第三種人是本來是應該長壽的，却不自珍惜生命，以致於自蹈死地的人。以上這三種人，各佔十分之三。

㈢夫何故？以其生生之厚。

河上公曰：「所以動之死地者，以其求生活之事太厚，違道忤天，妄行失紀。」

高亨曰：「生生猶養生也。」

馬敘倫曰：「范應元本『故』作『哉』。」

案：這句話是承上文「人之生動之死地」來。生生之厚，是說生活太過優裕。生活得太壞與太好，都是傷害生命的。此處的「生生之厚」，是指兩種人，一是放縱於聲色犬馬之樂的人；一是服食藥餌來求長生的人。這兩種事情在老子看來，不但不能益生，反而傷生。老子認爲，養生的人不但要注意身體（生理）的健康，更重要的是精神（心理）的健康。生理與心理健康的人，才是眞正健康的人。生理不健康的人，會影響到心理；心理不健康的人，也會影響到生理。所以善於養生的人，兩方面都應該並重。

㈣**蓋聞善攝生者，陸行不遇兕虎，入軍不被甲兵；兕無所投其角，虎無所措其爪，兵無所容其刃。**

河上公曰：「攝，養也。」又曰：「養生之人，虎兕無由傷，兵刃無從加之也。」

《山海經》云：「兕出湘水之南，蒼黑色。」老子楚人，故以兕爲喻。

武內義雄曰：「敦煌本、遂州本『措』作『錯』。」措、錯古通。措，安也。

案：老子認爲一個善於養生的人，在陸地上不會遇到犀牛老虎，進入軍中不會遭到兵器的殺傷；犀牛沒有機會用角來觸傷他，老虎沒有機會用爪來抓傷他，兵器沒有機會試一試鋒利的刀刃。

㈤**夫何故？以其無死地。**

王弼曰：「善養生者無以生為生，故無死地也。」又曰：「故物苟不以求離其本，不以欲離其真，雖入軍而不害，陸行而不可犯也。赤子之可則而貴，信矣。」

案：這句話是承上文來。說明「善攝生者，陸行不避兕虎，入軍不被甲兵」的原因，乃是由於他不進入危險地帶。所謂「死地」是指危險地帶。「明者遠見於未萌，智者避危於無形。」（司馬相如〈諫獵書〉）一位明智的人，在危險還沒有成形以前，他老早就避開，所以危險的事物，根本沒有機會傷害到他。《莊子．秋水篇》所說的：「至德者，火弗能熱，水不能溺，禽獸弗能賊，非謂其薄之也，言察乎安危，寧於禍福，謹於去就，莫之能害也。」正是這意思。

【語譯】

人出世叫做生，入地叫做死。天生資質優厚，能夠長命百歲的人，佔十分之三；天生資質單薄，短命夭折的人，佔十分之三；天生資質本來優厚却不知珍惜，因而傷生死亡的人，也佔十分之三。這些資質優厚却提前死亡的人，是什麼緣故呢？就是由於生活太過優厚，過份享受。我曾經聽說過，善於養生的人，在陸地上行走不會遇到犀牛老虎，在軍中打仗不會遭受兵刃的殺傷；犀牛沒有機會用角抵觸他，老虎沒有機會用爪抓傷他，兵器沒有機會一試鋒利的刀刃。這是什麼緣故呢？就是他不進入危險的地帶。

【韻讀】

此章韻讀江氏無韻。陳柱以三、三、三爲韻。朱謙之以厚、角爲韻。

第五十一章

道生之，德畜之，物形之，勢成之，是以萬物莫不尊道而貴德㈠。道之尊，德之貴，夫莫之命而常自然㈡。故道生之，德畜之，長之育之，亭之毒之，養之覆之㈢。生而不有，爲而不恃，長而不宰，是謂玄德㈣。

【註　釋】

㈠**道生之，德畜之，物形之，勢成之，是以萬物莫不尊道而貴德。**

王弼曰：「物生而後畜，畜而後形，形而後成。何由而生道也？何得而畜德也？何由而形物也？何使而成勢也？唯因也，故能無物而不形；唯勢也，故能無物而不成。凡物之所以生，功之所以成，皆有所由，有所由焉，則莫不由乎道也。故推而極之，亦至道也，隨其所因，故各有稱焉。」

蔣錫昌曰：「勢指各物所處之環境而言，如地域之變遷，氣候之差異，水陸之不同是也。」

嚴可均曰：「『是以萬物』御注作『是以聖人』。」

羅振玉曰：「敦煌本無『莫不』二字，景福本無『而』字。」

案：馮友蘭先生說：「道爲天地萬物所以生之總原理，德爲一物所以生之原理，即一物所得於道而以成其物者。」「道生之」，是說道創生萬物。「德畜之」，德就是性，畜就是養。道創生萬物之後，便賦予萬物各種不同的德性。「物形之」，形是形狀、形像。萬物從內在講，各有不同的德性；從外在講，各有不同的形狀。「勢成之」，勢是各物所處的環境，包括寒熱水陸的不同。由於所處環境的不同，於是成就各種不同的人物。就因爲道創生萬物，德畜養萬物的緣故，所以萬物沒有不尊貴道與德的。

(二)道之尊，德之貴，夫莫之命而常自然。

河上公曰：「道一不命召萬物而常自然，應之如影響。」

李息齋曰：「物非道不生，非德不畜，自其有形，以至於勢長，莫不以道德為主。道之尊，德之貴，至於此極矣，然不自尊其尊，不自貴其貴，其施於物，非有心於物也，莫之命而常自然。自然而生，自然而畜。」

羅振玉曰：「『道之尊，德之貴』敦煌本作『道尊、德貴』。『之命』御注本、敦煌本均作『爵』。」

案：這段話是說，道德之尊貴，乃在於它從不支配、干涉萬物，然而萬物却能各盡其性，各遂其長。也就是孔子所說的「天何言哉！四時行焉，百物生焉，天何言哉」的意思。命就是支配、干涉、告訴的意思。

自然卽自發性，自發性不僅是道所蘊含的特有精神，也是老子哲學的基本精神。

㈢**故道生之，德畜之，長之育之，亭之毒之，養之覆之。**

河上公曰：「道之於萬物，非但生之而已，乃復長養成熟覆育，全於性命。人君治國治身亦當如是也。」

羅振玉曰：「景龍本、御注本、敦煌本、景福本「亭之毒之」均作「成之熟之」。」

朱謙之曰：「傅奕本、范應元本『養之覆之』均作『蓋之覆之』。」

案：這段話是說明「道」自然而然地生化萬物，它的作用是始終一貫，而且普遍又深入。「生之畜之，長之育之」，是說明它的作用是始終一貫。「亭之毒之」，是說明它的作用是深入萬物，無微不至。「養之覆之」，是說明它的作用是普遍於萬物，無所不包。（引自王淮《老子探義》）亭之毒之，就是成之熟之的意思。

㈣**生而不有，爲而不恃，長而不宰，是謂玄德。**

李息齋曰：「凡所以長育成熟，以至於養之覆之，莫非自然者。由其自然，故未嘗望物之報。生不辭勞，施不求報，是謂玄德。」

奚侗曰：「四句已見第十章，此複出。」

案：這段話是說，道創生萬物却不佔爲己有；有所作爲却不自恃其能；成長萬物却不主宰萬物：這就是所謂精微奧妙的德性。玄就是精微奧妙的意思。

【語譯】

道創生萬物，德畜養萬物，萬物各具不同的形狀，最後由各種不同的環境成就它們。因此，萬物沒有不尊崇道而貴重德的。道之所以受萬物的尊崇，德所以受萬物的貴重，就是由於它從不支配、干涉萬物，然而萬物却能各順其性來成長。所以說：道創生萬物，德畜養萬物，長育它們，使它們成熟，覆養它們。但是，道創生萬物却不佔為己有，有作為却不自恃其能，成長萬物却不主宰萬物；這叫做精微奧妙的德性。

【韻讀】

此章江氏韻讀：畜、育、毒、覆韻（幽部），有、恃、宰韻（之部）。

第五十二章

天下有始，以爲天下母㈠。既得其母，以知其子；既知其子，復守其母，沒身不殆㈡。塞其兌，閉其門，終身不勤；開其兌，濟其事，終身不救㈢。見小曰明，守柔曰強㈣，用其光，復歸其明，無遺身殃，是謂習常㈤。

【註釋】

㈠**天下有始，以爲天下母。**

河上公曰：「始者，道也。道為天下萬物之母。」

蘇子由曰：「無，名天地之始；有，名萬物之母。道方無名，則物之所資始也；及其有名，則物之所資生也。故謂之始，又謂之母，其子則萬物是也。」

朱謙之曰：「傅奕本作『可以為天下母。』」

案：老子認爲天下萬物都有它們的本始，這個本始便是道。「道生一，一生二，二生三，三生萬物。」（四十二章）道能創生萬物，所以可以稱它爲萬物之母。

(二)既得其母，以知其子；既知其子，復守其母，沒身不殆。

王弼曰：「母，本也。子，末也。得本以知末，不舍本以逐末也。」

朱謙之曰：「『既得其母』景福本作『既知其母』。」又曰：「『復守其母』景福本作『復知其母』，蓋涉上二『知』字而誤。」

案：母是道，子是天下萬物。老子說：「執古之道，以御今之有。」（十四章）「執古之道」是「得其母」，「以御今之有」是「知其子」。修道之士不但要了解道，更進一步，還要運用道統御萬物。這就是歐陽文忠公「明道致用」的道理。然而老子顧慮到一般人常常會逐末而忘本，所以他又提醒我們，「既知其子，復守其母」。能夠本末一貫，體用一致的人，一生就不會有危殆。

(三)塞其兌，閉其門，終身不勤；開其兌，濟其事，終身不救。

河上公曰：「兌，目也。使目不妄視也。門，口也。使口不妄言。」又曰：「濟，益也。益情欲之事，禍亂成也。」

奚侗曰：「易，說卦『兌爲口』，引伸凡有孔竅者皆可云兌。《淮南子．道應訓》：『王者欲久持之，則塞民於兌』，高注：『兌，耳目口鼻也。老子塞其兌是也。』塞兌閉門，使民無知無欲，可以不勞而理矣。」

朱謙之曰：「『開其兌』遂州本『兌』作『門』。」

案：這段話和第十章「天門開闔，能爲雌乎」的道理是相同的。老子認爲耳目口鼻是萬物天生的門戶，所以稱它們爲「天門」。天門的啟閉都要合道合理，孔子說：「非禮勿視，非禮勿聽，非禮勿言，非禮勿動」（論語顏淵篇），正是這個道理。合道合理才不致於白費精力，一輩子勞苦。反之，假如不合道不合理，將無端增益情欲，一輩子無法救治。

(四)見小曰明，守柔曰強。

王弼曰：「見大不明，見小乃明；守強不強，守柔乃強也。」

朱謙之曰：『守柔曰強』敦煌本『守』作『用』，蓋涉下文『用』字而誤。」

案：「見小曰明」，這個地方的「小」是指道而言。老子常常用「小」來形容道的精微奧妙。比如三十二章「道常無名樸，雖小，天下莫能臣」，三十四章「衣養萬物而不爲主，可名於小」。「見小曰明」是說能夠看清精微奧妙的道，可稱爲明智的人。「守柔曰強」，老子常常稱讚「柔」的好處。比如四十三章「天下之至柔，馳騁天下之至堅」，七十六章「柔弱者生之徒」，七十八章「天下莫柔弱於水，而攻堅強者莫之能勝」。「守柔曰強」

是說能固守柔弱的道理，可稱爲堅强的人。

㈤用其光，復歸其明，無遺身殃，是謂習常。

蘇子由曰：「聖人塞而閉之，非絕物也，以神應物，用其光而已，身不與也。夫耳之能聽，目之能見，鼻之能臭，口之能嘗，身之能觸，心之能思，皆所謂光也。蓋光與物接，物有去而明無損，是以應萬變而不窮，殃不及於身。」

吳澄曰：「水鏡能照物謂之光，光之體謂之明。用其照外之光，回光照內，復返而歸藏於其內體之明也。」

武內義雄曰：「敦煌、遂州二本作『襲常』，習、襲同音相通。」

案：老子認爲人的本性是純眞的，就像一面新鏡般的光亮。但是由於環境的汚染，有些把持不住的人，難免會失去純眞的本性。就好像蒙上塵垢的鏡子，會失去原有的光亮。所以鏡子需要不斷地保養擦拭，才能維持它的光亮，甚至於比原來還要光亮。同樣地，人也需要不斷地修養，才能保存原有的純眞，使「常德不離，復歸於嬰兒。」（二十八章）因此，「用其光」就是大學所說的「明德」，「復歸其明」就是「明明德」。老子要每一個人運用天生光明磊落的純眞的本性來啟發自己、修養自己，使它恢復得更光明、更純眞，這樣就不會給自己帶來災殃，這叫做修習常道。河上公說：「人能行此，是謂習修常道。」習常，就是修習常道的意思。

【語　譯】

天下萬物有個本始叫做道，道可以說是天下萬物之母。既得萬物之母的道，就要運用它來了解它所創生的萬物。知道了萬物之後，還要固守萬物之母的道，能夠本末一貫的人，一生就不會有危殆。要閉塞耳目口鼻，不可隨便開啓，一生就不會勞苦；如果隨便開啓，無端增益情欲，一生就無法救治。能夠看清精微奧妙的道，可稱為明智的人。能夠固守柔弱的道理，可稱為堅强的人。要運用天生光明純真的本性，來啓發自己、修養自己，使它恢復得更光明、更純真，這樣就不會給自己帶來災殃，這叫做修習常道。

【韻　讀】

此章江氏韻讀：始、母、母、子、母、殆韻（之部），門、勤韻（文部），事、救韻（之、幽通韻），明、强、光、明、殃、常韻（陽部）。

第五十三章

使我介然有知，行於大道，唯施是畏㈠。大道甚夷，而民好徑㈡。朝甚除，田甚蕪，倉甚虛㈢。服文綵，帶利劍，厭飲食，財貨有餘㈣，是謂盜夸，非道也哉㈤！

【註　釋】

㈠**使我介然有知，行於大道，唯施是畏。**

焦竑曰：「介然有知，猶言微有知也。」

王念孫曰：「『施』讀為迤。迤，邪也。言行於大道之中，唯懼其入於邪道也。」

案：這句話是說，假使我稍微有點知識的話，我會走在大道上，唯恐走入邪路。

㈡**大道甚夷，而民好徑。**

河上公曰：「夷，平易也。徑，邪不平正也。大道甚平易，而民好從邪徑也。」

王弼曰：「言大道蕩然平正，而民猶尚舍之而不由，好從邪徑，況復施為以塞大道之中乎？」

朱謙之曰：「嚴遵本『徑』作『逕』，景龍本、御注皆作『俓』。」

案：這兩句話是比喻，用「大道」比喻清靜無爲的正道，用「徑」比喻違反清靜無爲的邪道。老子很感慨地說，用清靜無爲的道理來治國，很平易的事；然而一般治國者却喜歡採用邪道。就好像平坦的大路不走，却偏偏要走小路的人一樣。也就是孟子所說的「捨正路而不由」的意思。

㈢朝甚除，田甚蕪，倉甚虛。

河上公曰：「高台榭，宮室修；農事廢，不耕治；五穀傷害，國無儲也。」

王弼曰：「朝，宮室也。除，潔好也。朝甚除，則田甚蕪，倉甚虛。設一而衆害生也。」

馬敍倫曰：「『朝甚除』，除借為汚，猶朽之作塗也。」

武內義雄曰：「敦煌本、遂州本『蕪』作『苗』。」朱謙之曰：「公羊傳桓四年注：『苗，毛也。』此亦蕪之假借。」

案：這段話是感嘆時政的敗壞。當政者只顧自己的享受，不管人民的死活。搜刮人民的錢財，把宮室修建得非常美好。可是田野却非常荒涼；倉庫却非常空虛。

㈣服文綵，帶利劍，厭飲食，財貨有餘。

陸希聲曰：「觀衣服多文采，則知其君好淫巧，蠹女工矣！觀佩帶皆利劍，則知其君好武勇，生國患矣！觀飲食常厭飫，則知其君好醉飽，忘民事矣！觀資貨常有餘，則知其君好聚斂，困民財矣！」

嚴可均曰：「『服文綵』御注、高翿作『彩』。」

羅振玉曰：「厭，敦煌本作饜。」

武內義雄曰：「敦煌本、遂州本『財貨』作『資貨』，與韓非喻老合。」

案：這段話和上文的「朝甚除」，都在描述時君的生活奢侈浮華，荒淫無度，以致於民窮財盡，民不聊生的殘破社會。他說當時國君穿的是五綵繽紛的錦繡；佩帶的是鋒利的寶劍；飲食方面，每餐都飽足山珍海味；私囊中的財貨綽綽有餘。厭借爲饜，飽足的意思。

㈤是謂盜夸，非道也哉！

嚴靈峰先生曰：「夸，奢也。從大，方聲，猶大也。盜夸，大盜也。猶盜魁也。」

《韓非·解老篇》夸作竽。非解之曰：「竽為衆樂之倡，一竽唱而衆樂和，大盜唱而小盜和，故曰盜竽。」盜竽就是盜魁的意思。高亨曰：「夸，竽同聲系，古通用。竽以樂喻，魁以斗喻，其例正同。」

案：這句話是總結上面的話。他說這種只顧自己享受，不管人民死活的暴君，簡直是强盜頭子；他的所做所爲，實在太不合道啊！

【語　譯】

假如我稍微有點知識的話，我會走在大道上，唯恐走入邪路。大道非常的平坦，然而一般人却喜歡走小路。在上的統治者，把宮室修建得非常美好，可是田野却一片荒涼，倉庫却非常空虛。身上穿的是五綵繽紛的錦繡；佩帶的是鋒利的寶劍；飲食方面，每餐都飽足山珍海味；私囊中的財貨綽綽有餘。這種只顧自己享受，不管人民死活的暴君，簡直是强盜頭子；他的所做所為，實在太不合道啊！

【韻　讀】

此章韻讀江氏無韻。高本漢以除、蕪、虛、餘、竽（一作夸）與彩、食、哉相間爲韻。

第五十四章

善建者不拔，善抱者不脫，子孫以祭祀不輟㈠。修之於身，其德乃眞；修之於家，其德乃餘；修之於鄉，其德乃長；修之於邦，其德乃豐；修之於天下，其德乃普㈡。故以身觀身，以家觀家，以鄉觀鄉，以邦觀邦，以天下觀天下㈢。吾何以知天下之然哉？以此㈣。

【註釋】

㈠**善建者不拔，善抱者不脫，子孫以祭祀不輟。**

河上公曰：「建，立也。善以道立身立國者，不可得引而拔也。」

王弼曰：「固其根而後營其末，故不拔也。不貪於多，齊其所能，故不脫也。」

羅振玉曰：「敦煌本無『者』字，景龍本、敦煌本無『以』字，『祀』敦煌本作『祠』。」

案：這段話是說明精神事業的永久性，所以左傳中的三不朽，把「立德」列爲第一。建是建立。

抱是抱持，固守。老子喜歡用「抱」字，比如十九章的「見素抱樸」，二十二章的「聖人抱一以爲天下式」。他說一位善於修道立德的人，根深蒂固，萬古流芳，是不容易被拔除的。一位善於固守道德的人，就像魚和深淵一樣，是不輕易脫離道德的。代代子孫如果也能夠固守這道德，就可以緜延不絕，祭祀不停。輟是停止的意思。

(二)修之於身，其德乃眞；修之於家，其德乃餘；修之於鄉，其德乃長；修之於邦，其德乃豐；修之於天下，其德乃普。

河上公曰：「修道於身，愛氣養神，益壽延年，其德如是，乃為真人。修道於家，父慈子孝，兄友弟順，夫信妻貞，其德如是，乃有餘慶，及於來世子孫。修道於鄉，尊敬長老，愛養幼小，教誨愚鄙，其德如是，乃無不覆及也。修道於國，則君信臣忠，仁義自生，禮樂自興，政平無私，其德如是，乃為豐厚也。人主修道於天下，不言而化，不教而治，下之應上，信如影響，其德如是，乃為普博。」

嚴可均曰：「御注、高翿本五句皆無『於』字。」

焦竑曰：「『邦』一作『國』，漢人避高帝諱改之，於韻不叶，今從韓非本。」

案：對於道德的修養，老子認爲最重要的，乃在於實施受用，利用它來美化自己，進而美化全天下的人。要實施受用，就必須切切實實身體力行，不是空喊口號而已。孔子說：「力行近乎仁」，「強恕而行，求仁莫近焉」，從這兩句話可以看出，孔子也很重視「力行」。

唐虞時代，君臣之間，穆穆棣棣，沒有人提倡敬，沒有人提倡忠，可是君無不敬，臣無不忠，雖無其名却有其實，這就是老子所說的「眞」。否則，徒喊口號而不力行，就是「僞」。因此老子認爲道德修養必須要自身去力行，這種道德才眞實；進而使全家人也來修養，這種道德才有餘慶；要全鄉的人也來修養，這種道德才能長遠；要全國人也來修養，這種道德才能豐厚；要全天下人也來修養，這種道德才能普遍。

㈢故以身觀身，以家觀家，以鄉觀鄉，以邦觀邦，以天下觀天下。

河上公曰：「以修道之身，觀不修道之身，孰存孰亡也？以修道之家觀不修道之家也。以修道之鄉觀不修道之鄉也。以修道之國觀不修道之國也。以修道之主觀不修道之主也。」

案：這段話河上公注有不妥當的地方。王淮先生的解釋值得參考。上文是說明由修德的工夫，看出它的效果；這一段是由它的效果，看出它的工夫。老子認爲由一個人的言行，可以看出這一個人修德的工夫；由一家的家規，可以看出這一家人修德的工夫；由一鄉的風俗，可以看出這一鄉人修德的工夫；由一國的國情，可以看出這一國人修德的工夫；由整個天下的潮流，可以看出天下人修德的工夫。也就是子貢稱讚孔子「見其禮而知其政，聞其樂而知其德」(《孟子·公孫丑》)的意思。

㈣吾何以知天下之然哉？以此。

羅振玉曰：「景龍、御注、敦煌三本均作『吾何以知天下之然』，缺『哉』字。」

朱謙之曰：「傅奕、范應元本『何』作『奚』。」

案：這句話是總結上面的話。我用什麼方法來了解天下的情況呢？就是用這種方法。

【語譯】

善於修道立德的人，根深蒂固，是不容易被拔除的。善於固守道德的人，是不輕易脫離的。代代子孫如果也能夠固守這道德，就可以綿延不絕，祭祀不停。道德修養必須要身體力行，這種道德才真實；進而使全家人也來修養，這種道德才有餘慶；要全鄉人也來修養，這種道德才能長遠；要全國人也來修養，這種道德才能豐厚；要全天下人也來修養，這種道德才能普遍。所以由一個人的言行，可以看出這一個人修養的工夫；由一家的家規，可以看出這一家人修德的工夫；由一鄉的風俗，可以看出這一鄉人修德的工夫；由一國的國情，可以看出這一國人修德的工夫；由整個天下的潮流，可以看出天下人修德的工夫。我用什麼方法來了解天下的情況呢？就是用這種方法。

【韻讀】

此章江氏韻讀：拔、脫、輟韻（祭部），身、眞韻（真部），家、餘韻（魚部），鄉、長韻（陽部），邦、豐韻（東部），下、普韻（魚部）。

第五十五章

含德之厚，比於赤子。毒蟲不螫，猛獸不據，攫鳥不搏㈠。骨弱筋柔而握固㈡。未知牝牡之合而峻作，精之至也㈢。終日號而不嗄，和之至也㈣。知和曰常，知常曰明㈤。益生曰祥，心使氣曰強㈥。物壯則老，謂之不道，不道早已㈦。

【註釋】

㈠**含德之厚，比於赤子。毒蟲不螫，猛獸不據，攫鳥不搏。**

王弼曰：「赤子無求無欲，不犯衆物，故毒蟲之物無犯於人也。含德之厚者，不犯於物，故無物以損其全也。」

焦竑曰：「毒蟲、蜂蠆之類，以尾端肆毒曰螫。猛獸、虎豹之類，以爪按拏曰據。攫鳥、鵰鶚之類，以羽距繫觸曰搏。」

傅奕本作「含德之厚者，比之於赤子也。」

嚴可均曰：「王弼作『蜂蠆虺蛇不螫』。」俞樾曰：「此六字乃河上公注也。後人以河上公注羼入。」

朱謙之曰：「嚴遵本作『攫鳥不搏，猛獸不據』，二句顛倒。」

案：老子喜歡用嬰兒作比喻。嬰兒無為無欲，所以能達到至柔、至精、至和的境界。含有純厚道德的人，可比赤子，他泛愛萬物，萬物也不加害於他。毒蟲不刺傷他，猛獸不爪傷他，攫鳥不搏擊他。

㈡骨弱筋柔而握固。

河上公曰：「赤子筋骨柔弱而持物堅固，以其專心不移也。」

案：這句話是說，赤子的筋骨雖然柔弱，然而他能無知無欲，用心專一，所以掌握東西極為緊密牢固。荀子勸學篇說：「螾無爪牙之利，筋骨之強，上食埃土，下飲黃泉，用心一也。」也就是這個道理。有道之士和赤子一樣以柔弱自守，所以能牢固地掌握住道。

㈢未知牝牡之合而朘作，精之至也。

河上公曰：「赤子未知男女之合會，而陰作怒者，由精氣多之所致也。」「陰作怒」，謂生殖器挺舉也。

峻，朘之假借字，説文：「朘，赤子陰也。」嚴可均曰：「『峻作』王弼作『全作』。」易順鼎曰：「按釋文云：『河上本一作朘』，朘、全音近，故或假全為之。」

案：牝牡之合是雌雄兩性的交合。赤子雖然還不知道兩性交合的道理，但是他的生殖器却挺舉著，這是由於精神飽滿到極點的緣故啊！比喻有道之士不浪費精神，所以精力充沛，精神飽滿。

㈣**終日號而不嗄，和之至也。**

河上公曰：「赤子從朝至暮啼號，聲不變易者，和氣多之所致。」

王弼曰：「無爭欲之心，故終日出聲而不嗄也。」

朱謙之曰：「嚴遵本、傅奕本、范應元本、王羲之本、趙孟頫本『而』字下均有『嗌』字。」

案：大哭叫號啕。聲音啞叫嗄。赤子雖然整天大哭却不會嗄啞，這是由於他的感情發洩自然合理的緣故。想哭就哭，眞情流露，一點也不做作。有道之士也是如此。〈中庸〉說：「發而皆中節謂之和。」這裏的「和」字，就是指感情的發洩能中節合理。

㈤**知和曰常，知常曰明。**

王弼曰：「物以和為常，故知和則得常也。」

案：常是不因時空而改變的道理。明是有智慧的人。〈中庸〉說：「致中和，天地位焉，萬物育焉。」天地得「和」就能各得其位；萬物得「和」就能各遂其生。《荀子・天論篇》也說：「萬物各得其和以生。」老子認爲知道「柔和」這種道理的人，就是懂得常道的人。能夠了解常道的人，才是眞正有智慧的聰明人。

(六)益生曰祥，心使氣曰强。

奚侗曰：「莊子德充符：『常因自然而不益生』，蓋以生不可益，益之則反乎自然，而災害至矣。」

左傳僖公十六年：「是何祥也？」杜注：「祥，吉凶之先見者。」可知古人把善惡禍福都稱為祥，這地方的「祥」是指災禍、不祥的意思。

案：「益生」是「生生之厚」（五十章），就是奉養太過優厚。任何事情，過猶不及，養生的道理也是如此。老子認爲生活太過優厚是不吉祥的事情。「心使氣」就是意氣用事，意氣用事就叫逞强。凡是喜歡逞强的人，都要自取滅亡。所以老子說：「勇於敢則殺」（七十三章），「堅強者死之徒」（七十六章）。在純樸生命之外，如果妄言妄爲而妄生枝節，將勞精傷神，危及生命。

(七)**物壯則老，謂之不道，不道早已。**

河上公曰：「萬物壯極則枯老也。」又曰：「不得道者，早死也。」

嚴可均曰：「『謂之不道』御注、高翿作『是謂不道』。」

羅振玉曰：「兩『不』字敦煌本並作『非』。」

案：物極必反，這是老子「反者道之動」的道理。壯就是强，凡物强壯到極點必會衰老，所以喜歡逞强的人，就會很快衰老，這叫做不合道（自然法則）；凡是不合道的事物，都要早日滅亡。所以說：「强梁者不得其死。」（四十章）這段文字重見第三十章。

【語譯】

含有純厚道德的人，可比赤子。毒蟲不刺傷他，猛獸不爪傷他，攫鳥不搏擊他。他的筋骨柔弱，然而掌握東西却極為緊密牢固。他雖然不知道兩性的交合，但是生殖器却挺舉起來，這是精力充沛到極點的緣故啊！他整天大哭，然而聲音却不會嗄啞，這是由於感情發洩能合乎自然的緣故啊！能夠知道柔和的，就是懂得常道的人。能夠了解常道的人，才是真正有智慧的聰明人。生活太過優厚是不吉祥的事情。意氣用事就是逞强。一切事物喜歡逞强，就會很快衰老，這叫做不合道；凡是不合道的事物，都要早日滅亡。

【韻讀】

此章江氏韻讀：螫、據、搏、固、作、嗄韻（魚部），常、明、祥、強韻（陽部），老、道、已韻（之幽通韻，已叶音酉）。

第五十六章

知者不言，言者不知㈠。塞其兌、閉其門、挫其銳、解其紛、和其光、同其塵，是謂玄同㈡。故不可得而親，不可得而疏；不可得而利，不可得而害；不可得而貴，不可得而賤，故爲天下貴㈢。

【註釋】

㈠**知者不言，言者不知**。

河上公曰：「知者貴行，不貴言也。」又曰：「駟不及舌，多言多患。」

朱謙之曰：「傅奕本、范應元本『不言』『不知』下並有『也』字。」

案：所謂「不言」是「不妄言」的意思，並不是不說話。智者重視力行，因此不敢隨便說話，唯恐言過其行。不智者不知道言過其行的可恥，對於自己所說的話不負責任，所以亂說話。

㈡**塞其兌、閉其門、挫其銳、解其紛、和其光、同其塵，是謂玄同。**

李息齋曰：「塞其兌、謹其出也；閉其門，閑其入也；挫其銳者，治其內也；解其紛者，理其外也；和其光者，抑其在己也；同其塵者，隨其在物也。無出無入，無內無外，無己無物，是謂玄同。」

嚴可均曰：「景龍本、景福本、嚴遵本作『忿』，王弼本作『分』，河上本作『紛』。」

廣雅釋詁：「忿，怒也。」紛、分都有紊亂的意思。

案：「塞其兌、閉其門」，兌爲口，門是天門，天門就是耳目。這兩句是說，杜塞嘴巴不要亂說話，關閉耳目不要亂聽亂看。這兩句重見五十二章。「挫其銳、解其紛」，挫是挫折。銳是鋒芒。紛是紛擾。這兩句話是說，要挫折鋒芒，使它不要太銳利。要解除紛擾，使它歸於單純。「和其光」是光芒內歛，使它不刺眼。「同其塵」是物我一體，不分貴賤。「是謂玄同」是總結上文。老子認爲一個人如果能做到上文所說的境界，就可以和玄妙的大道齊同了。老子要人效法道，做到和道一樣的玄妙。孔子要人效法天，所以他說：「唯天爲大，唯堯則之。」堯做到和天一樣的偉大，因此可稱爲齊天大聖。

㈢**故不可得而親，不可得而疏；不可得而利，不可得而害；不可得而貴，不可得而賤，故爲天下貴。**

王弼曰：「可得而親則可得而疏也，可得而利則可得而害也，可得而貴則可得而賤也。」

又曰：「無物足以加之也。」

蘇子由曰：「體道者，均覆萬物，而孰為親疏；等觀逆順，而孰為利害；不知榮辱，而孰為貴賤；情計所不及，此所以為天下貴也。」

朱謙之曰：「敦煌本、遂州本無六『而』字，嚴遵本、彭耜本、范應元本無『故』字。」

案：這段話是說，聖人均覆萬物，「以萬物為芻狗」（五章）所以對於萬物不分親疏，萬物對於他也不分親疏。「禍兮福之所依，福兮禍之所伏」（五十八章），禍福利害，循環不定，聖人等而觀之，所以不以福為利，不以禍為害，因此萬物對於他也不能產生利害。聖人「寵辱若驚」（十三章），所以得到光榮，不以為喜，受到侮辱，不以為憂，因此萬物加之於他的榮辱，影響不了他的心情。正因為如此，所以被天下人所尊貴。

【語譯】

有智慧的人不隨便說話，隨便說話的是沒有智慧的人。杜塞嘴巴不要亂說話，關閉耳目不要亂聽亂看。挫折鋒芒，使它不要太銳利。解除紛擾，使它歸於單純。光芒要內歛，使它不刺眼。要物我一體，不分貴賤。能夠做到這種境界的人，就可以和玄妙的大道齊同了。這一種人他已經超脫於親疏、利害、貴賤之外，因此萬物無法隨便親近他，也無法隨便疏遠他；無法用利益引誘他，也無法用弊害恐嚇他；無法使他高貴，也無法使他低賤，所以才被天下人所尊貴。

【韻讀】

此章江氏韻讀：門、紛、塵韻（文部）。

第五十七章

以正治國，以奇用兵，以無事取天下。吾何以知其然哉？以此㈠。天下多忌諱，而民彌貧㈡；民多利器，國家滋昏㈢；人多伎巧，奇物滋起㈣；法令滋彰，盜賊多有㈤。故聖人云：我無爲而民自化，我好靜而民自正，我無事而民自富，我無欲而民自樸㈥。

【註釋】

㈠**以正治國，以奇用兵，以無事取天下。吾何以知其然哉？以此。**

李息齋曰：「我以正治人，由人之本正也。以奇用兵，由兵之本奇也。以無事取天下，由天下之本無事也。」

嚴可均曰：「『以正』御注作『以政』。」案正、政古通用，唯此與奇對舉，當作正。

案：「正」是指清靜無爲的常道。「奇」是指虛僞欺詐的詭計。老子認爲治國是正常的事，用兵是不正常的事，因此兩者應該採用不同的方法來處理。所以治國要用清靜無爲的正道，用兵要用虛僞欺詐的奇術，治天下要因循自然，順勢而治，不要生事擾民。取猶治。無事就是自然無爲。四十八章所謂『取天下常以無事，及其有事，不足以取天下。』

㈡天下多忌諱，而民彌貧。

河上公曰：「忌諱者，防禁也。令煩則姦生，禁多則下詐，相殆故貧。」相殆，互相危害的意思。

嚴可均曰：「景龍本『民』作『人』。」

朱謙之曰：「傅奕本『彌』作『镾』，說文：『镾，久長也，从長爾聲，今字作彌。』」

案：這句話是說，天下的禁忌越多，百姓動輒得咎，不能安心工作，所以越來越貧窮。

㈢民多利器，國家滋昏。

蘇子由曰：「利器，權謀也。明君在上，常使民無知無欲，民多權謀，則其上眩而昏矣。」

案：這裏的「利器」是指陰謀詭計，人民的陰謀詭計越多，社會越不安，國家就越昏亂。六十五章所謂「民之難治，以其智多。」

㈣人多伎巧，奇物滋起。

王弼曰：「民多智慧則巧偽生，巧偽生，則邪事起。」

朱謙之曰：「傅奕本、范應元本均作『民多知慧而邪事滋起』。御注本、樓正本『伎』作『技』。」

案：「伎巧」是指制作奢侈品的技藝。人民制作奢侈品的技藝越多，越會刺激人心的貪慾，搖蕩純樸的本性，於是邪惡的事情發生得更多。所以第三章說：「不見可欲，使民心不亂。」

㈤**法令滋彰，盜賊多有。**

李息齋曰：「我以法治民，則民亦竊法以自便，上下相冒，則盜賊安得而不多。」

朱謙之曰：「景福本、景龍本、河上本並作『法物』，『物』字蓋涉上文『奇物』二字而誤。『彰』傅奕本、范應元本作『章』。」

案：用刑法治理人民，人民但求免於犯法，却沒羞恥之心；既沒有羞恥之心，於是盜竊亂賊無所不作了。彰是詳細明白。彰義同五十八章「其政察察」的「察察」，嚴苛的意思。

㈥**故聖人云：我無爲而民自化，我好靜而民自正，我無事而民自富，我無欲而民自樸。**

王弼曰：「上之所欲，民從之速也。我之所欲唯無欲，而民亦無欲而自樸也。此四者崇本以息末也。」

李息齋曰：「聖人示以無為，示以好靜，示以無事，示以無欲。天下各以其所示者報之，故曰：德，猶風也。民猶草也，草上之風必偃。」

「民自化」景龍本「民」作「人」，下三句亦然。

羅振玉曰：「景龍本、敦煌本、景福本『樸』均作『朴』。」

朱謙之曰：「『正』遂州本作『政』，傅奕本『靜』作『靖』。」

案：這一章以「以正治國」爲主旨，「聖人云」以下四句話是這句話的說明。聖人說：「只要我不妄爲，人民自然受感化；只要我清靜，人民自然方正；只要我不多事，人民自然富足；只要我沒有私欲，人民自然純樸。」

【語譯】

用清靜無為的正道治國，用虛偽欺詐的奇術用兵，用不生事擾民的方法治理天下。我憑什麼知道事情是這樣的呢？是由下列的幾件事情看出來的：天下的禁忌越多，百姓越貧窮；人民的陰謀詭計越多，國家越昏亂；人民製作奢侈品的技藝越多，邪事越會層出不窮；法令過份嚴苛，盜賊就越來越多。所以聖人說：「只要我不妄為，人民自然受感化；只要我清靜，人民自然方正；只要我不多事，人民自然富足；只要我沒有私欲，人民自然純樸。」

【韻讀】

此章江氏韻讀：貧、昏韻（文部），起、有韻（之部），爲、化韻（歌部），靜、正韻

（耕部），事、富韻（之部），欲、樸韻（侯部）。

第五十八章

其政悶悶，其民淳淳；其政察察，其民缺缺(一)。禍兮福之所倚，福兮禍之所伏。孰知其極，其無正(二)。正復爲奇，善復爲妖；人之迷，其日固久(三)。是以聖人方而不割，廉而不劌，直而不肆，光而不耀(四)。

【註　釋】

(一)**其政悶悶，其民淳淳；其政察察，其民缺缺。**

河上公曰：「其政教寬大，悶悶昧昧，似若不明也。故民醇醇，富厚相親睦也。」又曰：「其政教急疾，言決於口，聽決於耳。民不聊生，故缺缺日以疏薄。」急疾，形容政令嚴苛。高亨以為缺缺為獪獪之借字，狡詐的意思。

嚴可均曰：「景龍、敦煌、景福本均作『其人醇醇』。」

案：「悶悶」就是「希言自然」（二十三章）的意思，也就是中庸所說的「無聲無臭」。為政者如能清靜無爲、希言自然，人民受其潛移默化，自然誠樸淳厚。相反的，爲政者如政令嚴苛，人民自然用機變狡詐的手段來應付他。論語顏淵篇說：「君子之德風，小人之德草，草上之風必偃」，曾文正公說：「風俗之厚薄，自乎一二人心之所向」，也就是老子這段話的意思。

㈡禍兮福之所倚，福兮禍之所伏。孰知其極，其無正。

河上公曰：「倚，因也。夫福因禍而生，人遭禍而能悔過責己，修善行道，則禍去而福來。禍伏匿於福中，人得福而為驕恣，則福去禍來。」

范應元曰：「無正，猶言不定也。」玉篇：「正，定也。」

朱謙之曰：「景福、磻溪、樓正、彭耜、范應元、高翿、王羲之、趙孟頫、河上、王弼諸本均無二『兮』字。」

案：老子以爲禍福得失循環不定，但是皆由心造。當一個人遭遇到災禍的時候，如能戒愼恐懼，修身養性，自然禍去福來，所以說災禍中却有幸福依存在它裏面。相反的，當一個人得到幸福的時候，如果忘形驕恣，自然福去禍來，所以說幸福中却隱藏著災禍。因此老子說：「物或損之而益，或益之而損」（三十九章），正是這段話的意思。

㈢正復爲奇，善復爲妖；人之迷，其日固久。

釋憨山曰：「然禍福循環之如此，豈無真人而以理正之邪？但世衰道微，人心不古，邪正不分，善惡顛倒，本示之以正，則彼反以為奇詭，本教之以善，而彼反以為妖怪，正所謂未信而勞諫，則以為厲謗。此人心之迷，固已久矣，縱有聖人之教，亦不能正之矣。」

嚴靈峯先生曰：「奇，邪也。妖，惡也。」

嚴可均曰：「景龍本作『政復為奇』。」

羅振玉曰：「『妖』御注作『祆』，敦煌、景福本均作『訞』。」朱謙之曰：「妖、訞、祆並通。」

嚴可均曰：「『人之迷』御注、河上、高翿並作『民之迷』。」

案：老子感嘆世人迷惑於私欲，以致於邪正不分，善惡顛倒。拿正道教導他，他反而以爲奇詭；拿善道教導他，他反而以爲妖邪。所以老子說：「下士聞道大笑之」（四十一章），就因爲世人不能了解正道的緣故。

㈣是以聖人方而不割，廉而不劌，直而不肆，光而不耀。

王弼曰：「以方導物，舍去其邪，不以方割物，所謂大方無隅。廉，清廉也。劌，傷也。以清廉清民，令去其汚，不以清廉劌傷於物也。以直導物，令去其僻，而不以直激沸於物也，所謂大直若屈也。以光鑑其所以迷，不以光照求其隱匿也。所謂明道若昧也。此皆崇本以息末，不攻而使復之也。」

羅振玉曰：「釋文、河上作『廉而不害』。景龍、景福、敦煌三本均同。」

嚴可均曰：「御注作不穢。」王先慎曰：「劌、穢聲近而誤。」

羅振玉曰：「景龍、景福、敦煌本『耀』作『曜』。」曜、耀古通用。

案：這四句話根據馬敘倫的說法，應移到「其民缺缺」句下，「禍兮福之所倚」句上。這段話是說，聖人的爲人「大方無隅」（四十一章），內方外圓，所以不會割傷人。廉，蔣錫昌解釋爲鋒利。劌是刺傷。聖人因爲能夠「挫其銳」（五十六章），所以雖鋒利卻不會刺傷人。聖人以純眞爲本，所以能做到坦直卻不放肆。聖人能「和其光」（五十六章），所以雖有光輝却不耀眼。

【語譯】

為政者如能清靜無為，布言自然，人民自然誠樸淳厚；為政者如果政令嚴苛，人民自然機變狡詐。因此聖人的為人方正却不割傷人，廉利却不刺傷人，正直却不放肆，光耀却不刺眼。災禍啊！却有幸福依存在裏面；幸福啊！却有災禍隱藏在裏面。有誰知道它的究竟呢？它是不一定的。拿正道教導他，他反而以為奇詭；拿善道教導他，他反而以為妖邪。人們的迷惑，已經有很久的時日了。

【韻讀】

此章江氏韻讀：悶、淳韻（文部，悶平聲），察、缺韻（祭部），禍、倚韻（歌部，倚音閜），福、伏、極韻（之部）。

第五十九章

治人事天莫若嗇㈠。夫唯嗇是謂早服，早服謂之重積德㈡。重積德則無不克，無不克則莫知其極㈢。莫知其極，可以有國；有國之母，可以長久㈣。是謂深根固柢，長生久視之道㈤。

【註釋】

㈠**治人事天莫若嗇。**

河上公曰：「治人，謂人君欲治理人民。」

王純甫曰：「事天，謂全其天之所賦，卽修身之謂也。」

河上公曰：「嗇，愛也。治國者，當愛民財，不為奢泰。治身者，當愛精氣，不為放逸。」

魏稼書曰：「『治人事天』，御注『人』作『民』。」

武內義雄曰：「敦煌、遂州本『嗇』作『式』，式為嗇之借字。」

朱謙之曰：「嚴遵、顧歡、彭耜本『若』均作『如』。」

案：這句話是說，治人莫過於愛惜民財，修身養性莫過於愛惜精力。《孟子·盡心篇》說：「存其心，養其性，所以事天也。」這段話可做爲「事天」的最好解釋。

(二)夫唯嗇是謂早服，早服謂之重積德。

韓非曰：「聖人雖未見禍患之形，虛無服從於道理，以稱早服。故曰：夫唯嗇，是以早服。」

高亨曰：「『早服』下無賓詞，意不完足。……竊疑『服』下當有『道』字。『早服道』與『重積德』句法相同，辭意相因。『服道』即二十三章所云『從事於道』之意也。」

朱謙之曰：「『嗇』，敦煌、遂州本均作『式』。『謂』，敦煌、遂州、嚴遵、彭耜、顧歡、傅奕、范應元本均作『以』。『早』，嚴遵本作『蚤』。『服』，敦煌、遂州本均作『伏』，彭耜、趙孟頫本均作『復』。」

案：這段話是說，能愛惜財力、精力就是能早日服從於道的人。能早日服從於道的人，就能厚積自己的道德。「重」說文解釋爲厚。

(三)重積德則無不克，無不克則莫知其極。

韓非曰：「積德而後神靜，神靜而後和多，和多而後計得，計得而後能御萬物，故曰無不克。……其術遠，則衆人莫見其端末，是以莫知其極。」

河上公曰：「克，勝也。重積德於己，則無不勝。無不克勝，則莫有知己德之窮極也。」

朱謙之曰：「景福、嚴遵、河上、室町、奈卷『克』均作『剋』。」

案：這段話是說，能厚積自己道德的人，就沒有一樣事物不能克服；能做到沒有一樣事物不能克服的人，就無法知道他的究竟。也就是莫測高深的意思。禮記大學注：「極，盡也。」

㈣**莫知其極，可以有國；有國之母，可以長久。**

韓非曰：「夫能有其國保其身者，必且體道。體道則其智深，其智深則其會遠，其會遠則衆人莫能見其所極，莫知其極則可以有國。所謂有國之母，母者，道也。道也者生於所以有國之術，所以有國之術，故謂之有國之母。」

朱謙之曰：「嚴遵本『有』作『為』，遂州本『長久』作『久長』。」

案：這段話是說，一個人能做到無法知道他的究竟、莫測高深的地步，就可以治國了。有國就是爲國、治國的意思。有、爲古通，訓見經傳釋詞。道是萬物之母，所以母是指道。懂得治國之道的人，才可以長治久安。

㈤**是謂深根固柢，長生久視之道。**

《韓非·解老》曰：「樹木有曼根，有直根。直根者，書之所謂柢也。柢也者，木之所以建生也。曼根者，木之所以持生也。德也者，人之所以建生也。祿也者，人之所以持生也。今建於理者，其持祿也久，故曰深其根。體其道者，其生日長，故曰固其柢。柢固則生長，根深則視久。故曰「深其根，固其柢，長生久視之道。」

呂氏春秋重己：「莫不欲長生久視。」高注：「視，活也。」

羅振玉曰：「『柢』，釋文、敦煌、御注、景福、景龍、河上本均作『蔕』。」

案：這段話是說，樹木必須培養它的根柢，根柢深固，樹木才能高大茂盛。同樣道理，人也需要厚積他的道德，這才是長久生活的道理。也就是十六章所說「道乃久，沒身不殆」的意思。「長生久視」是老子的最高目標。人要長命百歲，國家要萬年太平。而達此目標的方法就是「自然無爲」。

【語譯】

治理人民莫過於愛惜財力，修身養性莫過於愛惜精力。能夠愛惜財力、精力，就是能夠早日服從於道的人。能早日服從於道的人，就能厚積自己的道德。能厚積自己道德的人，就沒有一樣事物不能克服。能做到沒有一樣事物不能克服的人，就無法知道他的究竟。能做到無法知道他的究竟的人，就可以治國了。懂得治國之道的人，才可以長治久安。能夠厚積道德的人，就像根柢深固的大樹，才能夠長久生活下去。

【韻讀】

此章江氏韻讀：嗇、嗇、服、德、克、極、國、母、久、道韻（之幽通韻）。

第六十章

治大國若烹小鮮㈠。以道莅天下，其鬼不神；非其鬼不神，其神不傷人㈡；非其神不傷人，聖人亦不傷人㈢。夫兩不相傷，故德交歸焉㈣。

【註　釋】

㈠**治大國若烹小鮮。**

河上公曰：「鮮，魚也。烹小魚，不去腸，不去鱗，不敢撓，恐其糜也。治國煩則下亂，治身煩則精散。」

羅振玉曰：「景龍本、敦煌本『烹』均作『亨』，御注作『享』。又『鮮』敦煌辛本作『腥』。」

朱謙之曰：「范應元本作『亨小鱗』。」

案：「治大國若烹小鮮」是老子對於治國者爲政原則的提示。小鮮就是小魚。烹小魚的時候，不能常常攪動它；否則，會把小魚煮得糜爛不得完整。治國的原則也是一樣。若是時常生事擾民，必定國家昏亂，人民不得安寧。因此，烹小魚不能隨便翻動；治大國必須清靜無爲。所以，第三章所說「爲無爲，則無不治」，第十章所謂「愛民治國，能無爲乎？」就是這個意思。

(二)以道莅天下，其鬼不神；非其鬼不神，其神不傷人。

范應元曰：「鬼神，陰陽中之靈也。鬼，歸也。神，伸也。張子曰：『鬼神者，二氣之良能也。』朱文公曰：『以二氣言，則鬼者，陰之靈也；神者，陽之靈也。以一氣言，則至而伸者為神。反而歸者為鬼，其實一物已。』然則聖人以道無為，而臨天下，則陰陽和順，其歸於陰者，不伸於陽也。」

高亨曰：「此神字借為䰠。說文：『䰠，神也，从鬼，申聲。』蓋鬼靈曰䰠。其鬼不神，猶言鬼不靈耳。」

羅振玉曰：「敦煌庚本、景福本『以道莅天下』句下有『者』字。」

朱謙之曰：「傅奕本『莅』作『涖』。」莅、涖、蒞古通。

案：老子對於「鬼神」的看法和宗教家是不相同的。他認爲「鬼神」只不過是代表陰陽二氣之靈。道含陰陽。宇宙間萬物的變化，都受到陰陽消長的影響。比如春夏兩季陽氣長而陰氣消，所以天氣炎熱。秋冬兩季則陰氣長而陽氣消，所以天氣寒冷。人如果能以道修身養性，必定身心健康；身心健康的人，陰陽二氣就無法侵害到他。陰陽二氣不能侵害他，冬天自然不會感冒，夏天自然不會中暑。同樣的道理，爲政者如果能用「道」來臨治天下，陰陽二氣自然無法伸張它的威靈來傷害他，必定風調雨順，國泰民安。所以說：「非其鬼不神，其神不傷人。」莅即蒞，臨治的意思。「其鬼不神」、「非其鬼不神」二句中的「神」字作伸張威靈解釋。「其神不傷人」的「神」如字。

㈢非其神不傷人，聖人亦不傷人。

韓非曰：「民犯法令之謂民傷上，上刑戮民之謂上傷民。民不犯法則，上亦不行刑，上不行刑之謂上不傷人，故曰聖人亦不傷民。」

案：這段話是說，依道而行的人，不但鬼神（陰陽二氣之靈）不能傷害他，由於他不冒犯聖人，所以聖人也不傷害他。

㈣夫兩不相傷，故德交歸焉。

羅振玉曰：「景龍本、敦煌辛本均作『故德交歸』，無『焉』字。」

案：「兩」指鬼神與聖人。交，《廣韻》曰：「共也、合也。」歸即歸屬。這句話是說，一個人能做到鬼神與聖人兩者都不傷害他，於是全國上下感情融洽，一同感化於道而歸屬於樸素。也就是十九章所說「聆有所屬：見素抱樸，少私寡欲。」由上可知，政治的成功取決於主體對於人、事、天三方面關係的合理調和。要達此目的必須由修德做起。

【語譯】

治理大國就像烹煑小魚。烹煑小魚不能常常翻動，治大國不能生事擾民。能用道來臨治天下的人，陰氣之靈的鬼就無法伸張威靈來傷害他。不但鬼不能傷害他，就是陽氣之靈的神也無法伸張威靈來傷害他。不但神不能傷害他，聖人也不會傷害他。鬼神與聖人都不傷害他，於是全國上下感情融洽，一同感化於道而歸屬於樸素。

【韻讀】

此章江氏韻讀無韻。姚文田以鮮、神、神、人、人為韻（真韻）。

第六十一章

大國者下流，天下之交(一)。天下之牝，牝常以靜勝牡，以靜爲下(二)。故大國以下小國，則取小國；小國以下大國，則取大國。故或下以取，或下而取(三)。大國不過欲兼畜人，小國不過欲入事人。夫兩者各得所欲，大者宜爲下(四)。

【註釋】

(一)**大國者下流，天下之交。**

河上公曰：「治大國者當如江海居下流，不逆細微。」又曰：「大國，天下士民之所交會。」

王弼曰：「江海而處下，則百川流之；大國居大而處下，則天下流之，故曰大國下流也，天下所歸會也。」

高亨曰：「此句當作『治大國若居下流』，轉寫脱『治』字『若』字而『居』字又譌為

『者』字也。河上注：『治大國當如居下流』，是河上本原作『治大國若居下流』，其證一也。又『治大國若居下流』與上章『治大國若烹小鮮』，句法一律。」

案：大國應當像江海居處於下流，才能成爲天下萬國歸往交會的地方。交是歸往、交會的意思。「下流」是卑污之地，比喻國君要居卑忍辱，受天下之垢，承擔天下的不祥。所以七十八章說：「受國之垢，是謂社稷主；受國之不祥，是謂天下王。」

(二)天下之牝，牝常以靜勝牡，以靜爲下。

王弼曰：「靜而不求，物自歸之也。以其靜，故能為下也。牝，雌也。雄動貪欲，雌常以靜，故能勝雄也。以其復能為下，故物歸之也。」

吳澄曰：「牝不先動以求牡，牡常先動以求牝，動求者招損，靜俟者受益，故曰以靜勝牡。動求者居上，靜俟者居下，故曰以靜為下。」

「牝常以靜勝牡」景龍本作「牡常以靜勝牝」。

案：牝是雌性動物，牡是雄性動物，老子用雌雄兩性動物做爲比喩。他說雌性動物因爲能靜能下，所以能勝過雄性動物。因此，大國如果能「善下之」（六十六章）、能「守靜篤」（十六章）、能「守其雌」（二十八章）必定取得天下萬國的信賴。這句話如作「牝常勝牡，以靜爲下」文意較順，上句「以靜」恐怕是衍文。

㈢故大國以下小國，則取小國；小國以下大國，則取大國。故或下以取，或下而取。

吳澄曰：「大國不恃其尊，謙降以下小國，則能致小國之樂附；小國甘處於卑，俯伏以下大國，則能得大國之見容。下以取，謂大國能下以取小國之附；下而取，謂小國能下而取大國之容也。」

羅振玉曰：「御注本、敦煌本『則取大國』均作『則聚』。」

羅振玉曰：「敦煌本『以』作『而』。下句『而』字，景龍、景福、敦煌庚本均作『如』。」

案：這段話是說謙卑處下的好處。大國對小國謙卑，就能得到小國的歸附；小國對大國謙卑，就能得到大國的容納。上「或」字指大國，下「或」字指小國。大國謙卑因而得到小國的歸附；小國謙卑因而取得大國的容納。

㈣大國不過欲兼畜人，小國不過欲入事人。夫兩者各得所欲，大者宜為下。

吳澄曰：「大國下小國者，欲兼畜小國而已；小國下大國者，欲入事大國而已，兩者皆能下，則大小各得所欲。然小者素在人下，不患乎不能下；大者非在人下，或恐其不能下，故曰大者宜為下。」

嚴可均曰：「景龍本『夫』作『此』。」

朱謙之曰：「范應元作『故大國者宜為下』。」

案：上「人」字是指小國，下「人」字是指大國。大國只不過想要兼容並畜小國，小國只不過想要事奉大國，只要彼此謙卑，兩者都能達成願望。不過小國對大國謙卑容易，要大國對小國謙卑就不容易。所以大國應該謙卑對待小國，自然天下歸往。

【語　譯】

大國應當像江海居處於下流，才能成為天下萬國歸往交會的地方。天下雌性的動物常常勝過雄性動物，因為它能靜定能卑下。所以大國能對小國謙卑，就可以取得小國的歸附；小國能對大國謙卑，就可以取得大國的容納。所以有的國家因謙卑而取得他國的歸附；有的國家因謙卑而取得他國的容納。大國只不過是想要兼容並畜小國，小國只不過想要事奉大國，只要彼此謙卑，兩者都能各得所願。不過大國尤其應該要對小國謙卑，自然天下歸往。

【韻　讀】

此章韻讀江氏無韻。

第六十二章

道者萬物之奧。善人之寶，不善人之所保㈠。美言可以市尊，美行可以加人。人之不善，何棄之有㈡？故立天子、置三公，雖有拱璧以先駟馬，不如坐進此道㈢。古之所以貴此道者何？不曰求以得，有罪以免耶？故爲天下貴㈣。

【註釋】

㈠**道者萬物之奧。善人之寶，不善人之所保。**

吳澄曰：「萬物之奧，萬物之最貴者。奧，室之西南隅。寢廟之制，有堂有室。室在內，故室為貴。室中之制：東南隅曰窔，東北隅曰宧，西北隅曰屋漏。奧，尊者所居，故奧為貴。道之尊貴，猶寢廟堂室之奧。」

李息齋曰：「賢者以道為寶，故樂得其得；不賢者非道莫保，故樂免其罪。」

帛書老子甲、乙本：「奧作注，讀爲主。」

武內義雄曰：「敦煌、景龍、遂州本均作『不善人之所不保』，『不』字恐衍。」

案：這段話是說，道是萬物所尊貴的。所以五十一章說：「萬物莫不尊道而貴德。」奧，本義是室之西南隅，乃尊貴者所住的地方，引伸為「尊貴」的意思。道之所以為萬物所尊貴的原因，就在於善人可以利用道來修身養性、長生久視；不善人也可以利用道來改過遷善、遠罪豐家。所以說善人把它（道）看成珍寶，不善人也時常保持它。

(二)美言可以市尊，美行可以加人。人之不善，何棄之有？

河上公曰：「人雖不善，當以道化之，蓋三皇之前，無有棄民，德化淳也。」

奚侗曰：「市當訓取。《國語·齊語》：『市賤鬻貴』，高注：『市，取也。』加當訓重。爾雅釋詁：『加，重也。』此言美言可以取人尊敬，美行可以見尊於人。」

朱謙之曰：「傅奕本作『美言可以於市，尊言可以加於人』，范應元本同。惟『言』作『行』，注云『於市』上疑脫一字。蓋此文傳寫多誤，傅、范本亦然。《淮南子·人間訓、道應訓》引並作『美言可以市尊，美行可以加人』，可據改正。」又曰：「遂州、顧歡、趙志堅本『何』均作『奚』。」

案：這段話是說，修道的人，「言滿天下無口過」，這種無過的美言，就可以取得別人的尊敬。他「行滿天下無怨惡」，這種無怨惡的美行，就可以見重於別人。道不但要「修之於身」（五十四章），還要「修之於家，修之於鄉，修之於邦，修之於天下」（五十四章）。所以當發現別人有不善的時候，應該勸他趕快修道，不能隨便拋棄他。所以二十七章說：「聖人常善救人，故無棄人。」孟子也說：「君子莫大乎與人爲善。」

㈢故立天子、置三公，雖有拱璧以先駟馬，不如坐進此道。

吳澄曰：「拱璧，合拱之璧。駟馬，一乘之馬。……坐，跪也。……朝聘以拱璧駟馬為至貴，而未足貴也，不如跪而進此道之尤貴。」

蔣錫昌曰：「古之獻物，輕物在先，重物在後。拱璧以先駟馬，謂以拱璧為駟馬之先也。」

武內義雄曰：「『拱璧』敦煌本作『供之璧』，『之』字恐衍。又『駟馬』作『四馬』。」

案：論尊貴莫過於天子三公，論財富莫過於拱璧駟馬。但是在修道的人看來，天子三公不值得尊貴，拱璧駟馬不值得珍惜，總不如跪獻這道作爲禮物可尊可貴。所謂「富者贈人以財」不如「君子贈人以言」；所謂「人爵」不如「天爵」之可貴，就是這個道理。

㈣古之所以貴此道者何？不曰求以得，有罪以免耶？故爲天下貴。

王弼曰：「以求則得求，以免則得免，無所而不施，故為天下貴也。」

羅振玉曰：「敦煌庚本無『何』字，辛壬本有之。景龍、御注、敦煌庚辛本均作『求以得』，王本、景福本作『以求得』。庚本『得』下有『之』字。」

案：這段話是說，古人爲什麼尊貴這道呢？豈不是說只要你誠心求它（道），就可以得到它；

有罪的人只要誠心求它，就可以免罪。因此善人把它看做珍寶，不善人也時常想保持它。所以才被天下人所尊貴。

【語　譯】

道是萬物所尊貴的。善人把它看成珍寶，不善人也時常保持著它。美言可以取得別人的尊敬，美行可以見重於別人。不善的人應該勸他修道，怎麼可以拋棄他呢？所以天子三公的地位不值得尊貴，拱璧駟馬的財富不值得珍惜。總不如跪獻這道作為禮物來得可尊可貴。古人尊貴這道的原因何在呢？豈不是說只要誠心探求就可以得到它，有罪的人只要誠心求它就可以免罪嗎？所以才被天下人所尊貴。

【韻　讀】

此章江氏韻讀：奧、寶、保韻（幽部）。

第六十三章

爲無爲，事無事，味無味㈠。大小多少，報怨以德㈡。圖難於其易，爲大於其細；天下難事必作於易，天下大事必作於細。是以聖人終不爲大，故能成其大㈢。夫輕諾必寡信，多易必多難，是以聖人猶難之，故終無難矣㈣。

【註釋】

㈠**爲無爲，事無事，味無味。**

王弼曰：「以無為為居，以不言為教，以恬淡為味，治之極也。」

嚴靈峯曰：「無為言其靜，無事言其虛，無味言其淡。」

案：這段話是在形容修道所達到的境界。無爲、無事、無味，是在形容道的虛無、清靜、恬淡三種特性。把道的三種特性應用到人事上，便是清靜無爲，恬淡寡欲。爲政者如能以此治國，必能達到「我無爲而民自化，我好靜而民自正，我無事而民自富，我無欲而民自樸」（五十七章）的境界。

㈡大小多少，報怨以德。

韓非曰：「有形之類，大必起於小，行久之物，族必起於少。」

「報怨以德」這個句子，嚴靈峯以為和上下文不相關，應移入七十九章「和大怨必有餘怨」句下。

案：這段話是說大必生於小，多必積於少。即六十四章所說的「合抱之木，生於毫末；九層之台，起於累土；千里之行，起於足下」的意思。另一說則把大、多當動詞用。就是不要輕視「小」與「少」，要把「小」與「少」看大、看多，因爲「莫見乎隱，莫顯乎微」，所以積少可以成多，做大事必從小處著眼。

㈢圖難於其易，爲大於其細；天下難事必作於易，天下大事必作於細。是以聖人終不爲大，故能成其大。

河上公曰：「欲圖難事，當於易時，未及成也。欲為大事必作於小，禍亂從小來也。」又曰：「聖人終不為大，處謙虛也。能成其大，天下共歸之也。」

羅振玉曰：「景龍本、敦煌本均無『其』字。」

武內義雄曰：「敦煌本、遂州本『細』作『小』。」

羅振玉曰：「敦煌本、辛本無『天下』二字。」

案：這段話是說明處事的方法。老子認爲，做任何事情必須由小到大，由容易到困難，循序漸進，也就是六十四章所說的「爲之於未有，治之於未亂」，才能收到效果。聖人處事的原則也是如此，他謙冲自牧，絕不自大。一切從淺近、容易的地方著手，絕不好高騖遠，因此，能夠成就大事。可是一般人却反其道而行，捨近求遠，捨易求難，最後反而一事無成。難怪孟子感嘆地說：「道在邇而求諸遠，事在易而求諸難。」（《孟子·離婁篇上》）

㈣**夫輕諾必寡信，多易必多難，是以聖人猶難之，故終無難矣。**

河上公曰：「輕諾必寡信，不重言也。多易必多難，不慎患也。聖人動作舉事，猶進退重難之，欲塞其源。聖人終身無患難之事，猶避害深也。」

王弼曰：「以聖人之才，猶尚難於細易，況非聖人之才，而欲忽於此乎？故曰『猶難之』也。」

羅振玉曰：「景龍、御注、景福、敦煌本均無『矣』字。」

朱謙之曰：「嚴遵本無『夫』字。」

案：這段話是說，一個輕易允諾的人，必定是說話不謹愼的人；說話不謹愼的人，必定很難守信用的。所以孟子說：「人之易其言也，無責耳矣。」（《孟子·離婁篇上》）「多易必多難」，是說常常把事情看得很容易的人，必定是思考不謹愼，思考不謹愼，必定漏洞百出，困難重重。所以孔子說：「不曰如之何？如之何者，吾末如之何也矣！」（《論語‧衛靈公》）由以上的經驗，因此聖人把一切事都當做困難的事情來處理它，正因為它的困難，所以必須謹其言而愼其行，最後毫無困難地迎刃而解。〈中庸〉說：「事豫則立，不豫則廢」，正是這意思。

【語譯】

聖人為政以無為為原則，做事以不多事為方法，應付事物的態度是恬淡而不熱衷。大必生於小，多必起於少。對付困難的事情必定從容易的事情開始，做大事必定從小事著手。因為天下困難的事情，必定從容易的事情做起；天下大事，必定從小事做起。所以聖人始終不敢自大，因此反而能夠成就他的偉大。談到輕易允諾的人，必定很少守信用的；常常把事情看得太容易的人，必定常常遭遇困難。所以聖人把容易的事情還要看得很難，因此始終都不會有困難產生。

【韻讀】

此章韻讀江氏無韻。

第六十四章

其安易持，其未兆易謀。其脆易泮，其微易散。爲之於未有，治之於未亂㈠。合抱之木，生於毫末；九層之台，起於累土；千里之行，始於足下㈡。爲者敗之，執者失之。是以聖人無爲故無敗，無執故無失㈢。民之從事，常於幾成而敗之，愼終如始，則無敗事㈣。是以聖人欲不欲，不貴難得之貨；學不學，復衆人之所過，以輔萬物之自然而不敢爲㈤。

【註釋】

㈠**其安易持，其未兆易謀。其脆易泮，其微易散。爲之於未有，治之於未亂。**

河上公曰：「治身治國安靜者，易守持也。情欲禍患未有形兆時，易謀止也。禍亂未動於朝，情欲未見於色，如脆弱易破除。其未彰著，微小易散去也。欲有所為，當於未有萌牙之時，塞其端也。治身治國於未亂之時，當豫閉其門也。」

呂吉甫曰：「安也、未兆也，則是為之於未有也。脆也、微也，則是治之於未亂也。」

羅振玉曰：「『泮』，景龍、御注、景福、敦煌本均作『破』。」

朱謙之曰：「傅奕本『泮』作『判』」，泮、判古通，分也。」

案：這段話在說明爲什麼要「爲之於未有，治之於未亂」的原因。因爲一切事物，在安定而未動亂時，最容易把持；在未發生成形以前，最容易應付；脆弱而未堅固時，最容易斷絕；細微而未顯大時，最容易解散。所以，在事情還未發生以前，先處理它。國家還未動亂以前，先預防它。安，安靜。兆，事情未發生前的徵象。

(二)合抱之木，生於毫末；九層之台，起於累土；千里之行，始於足下。

呂吉甫曰：「合抱之木生於毫末，大生於小也；九層之台起於累土，高起於下也。千里之行始於足下，遠始於近也。則為之於未有，治之於未亂，其本末常如此也。」

羅振玉曰：「『層』，敦煌本作『成』，辛本作『重』。」朱謙之曰：「層、成、重義同。」

高亨曰：「累當讀為蔂，土籠也。」

案：這段話在說明「愼始」的重要，上段話是說明「防微」的重要。前者有警惕的作用，後者有鼓勵作用。老子說：兩手合抱的大樹，是由毫毛之末般的小芽生長起來的；九層的高台，是由一籠土開始，慢慢堆集起來的；千里遙遠的行程，是由脚下一步一步走出來的。也就是〈中庸〉所說：「登高必自卑，行遠必自邇」的意思。

㈢**為者敗之，執者失之。是以聖人無為故無敗，無執故無失。**

奚侗曰：「四句與上下文誼不相屬，此第二十九章中文，誤羼於此。」

㈣**民之從事，常於幾成而敗之，愼終如始，則無敗事。**

河上公曰：「從，為也。民之為事，常於功德幾成，而貪位好名，奢泰盈滿而自敗也。終當如始，不當懈怠。」

朱謙之曰：「遂州本『民』作『人』。」

案：前段說明「愼始」的重要，此段說明「愼終」的重要。能「愼始」才能有其事，能「愼終」才能成其事。可是一般人做事，常犯虎頭蛇尾的毛病，能愼始，却未能愼終，常常在將近成功的時候，却失敗了。魏徵諫太宗十思疏所說的「有善始者實繁，能克終者蓋寡」。所以老子要大家愼終如始，則無敗事。幾，音ㄐㄧ，接近的意思。

㈤**是以聖人欲不欲，不貴難得之貨；學不學，復衆人之所過，以輔萬物之自然而不敢為。**

河上公曰：「聖人欲人所不欲：人欲彰顯，聖人欲伏光；人欲文飾，聖人欲質樸；人欲於色，聖人欲於德也。聖人不眩為服，不賤石而貴玉。聖人學人所不能學：人學智詐，聖人學自然；人學治世，聖人學治身。衆人學問反過本為末，過實為華。復之者，使反本實也。教人反本實者，欲以輔助萬物，自然之性也。聖人動作因循，不敢有所造為，恐遠本也。」

王弼曰：「好欲雖微，爭尚為之興，難得之貨雖細，貪盜為之起也。」

羅振玉曰：「敦煌辛本『復』作『備』。」

案：這段話是說明聖人對於事物的看法是與眾不同的。眾人所想要的是聲色犬馬之樂，聖人卻認爲：「五色令人目盲，五音令人耳聾，五音令人口爽，馳騁畋獵令人心發狂。」（第十二章）眾人珍貴難得之貨，聖人卻認爲：「不貴難得之貨，使民不爲盜。」（第三章）眾人所學的是智力巧詐，聖人所學的卻是一般人所不願意學的修身養性的學問。但是這些眾人所不想要的、所不想學的道理，卻可以用來免除眾人的過失，用來輔導萬物順從自然法則而不敢妄爲。復，免除的意思。

此段文字與上文義不相屬，可能是他章錯簡，王淮《老子探義》以爲當在六十三章「爲無爲，事無事，味無味」句下。

【語譯】

一切事物，在安定未動亂時最容易把持，在未發生成形前最容易應付，脆弱而未堅固時最容易斷絕，細微而未顯大時最容易解散。所以，在事情還未發生以前，先去處理它；國家還未動亂以前，先去預防它。雙手合抱的大樹，是由毫毛之末的小芽生長起來的；九層的高台，是由一籠土開始慢慢堆集起來的；千里遙遠的行程，是由脚下一步一步走出來的。一般人做事，常常在接近成功的時候却失敗了，所以在終了的時候，能夠像開始一樣謹慎的人，就不會有失敗的事情發生。聖人要衆人所不要的東西，不珍貴難得的貨物，學衆人所不學的道理；而這些道理却能免除衆人的過失，用來輔助萬物順從自然的法則而不敢妄為。

【韻讀】

此章江氏韻讀：持、謀韻（之部，謀明丕反），散、亂、末韻（祭元通韻，散音線，亂音戀，末音蔑），土、下韻（魚部）貨、過、爲韻（歌部，貨平聲。）

第六十五章

古之善爲道者，非以明民，將以愚之。民之難治，以其智多㈠。故以智治國，國之賊；不以智治國，國之福。知此兩者亦楷式，常知楷式，是謂玄德㈡。玄德深矣遠矣，與物反矣，然後乃至大順㈢。

【註釋】

㈠**古之善爲道者，非以明民，將以愚之。民之難治，以其智多。**

河上公曰：「古之善以道治身及治國者，不以道教民，使明智巧詐也。將以道德教民，使樸質不詐僞。民之所以難治者，以其智多，故為巧僞。」

王弼曰：「明謂多智巧詐，蔽其樸也。愚謂無知守真，順自然也。」

羅振玉曰：「景龍、敦煌辛本均作『多智』。」

案：這段話被後人誤解爲老子的愚民政策，主要原因是不了解「愚」字的意義。老子所謂的

「愚」，並不是愚笨，而是眞樸、誠樸、淳樸的意思。聖人之愚，乃修養的結果，是大智若愚之愚，是智愚之合，和原來的愚是不一樣的。老子認爲政治的好壞，常繫於統治者的居心。曾文正公所謂「風俗之厚薄，自乎一二人心之所嚮」《原才》是也。統治者假如眞誠樸實，民風自然跟著純厚；統治者假如多智巧詐，民風自然日趨狡黠。所謂「其政悶悶，其民淳淳；其政察察，其民缺缺」（五十八章）是也。所以老子認爲治身治國，應以道德教化人民，使其樸實不作僞；而不以智巧教民，以免百姓變得虛僞多詐。

(二)故以智治國，國之賊；不以智治國，國之福。知此兩者亦楷式，常知楷式，是謂玄德。

劉仲平曰：「不以智治國者，開天者也；以智治國者，開人者也。開天則順，順則行所無事，其政所以不嚴而治；開人則鑿，鑿則失於太察，其民所以不淳而缺。故曰：『以智治國，國之賊；不以智治國，國之福。』」

嚴可均曰：「王弼本『楷』作『稽』。」

案：這段話是承上文而來。老子既然認爲民之難治，是由虛僞巧詐的小聰明玩得太厲害了。所以他主張爲政者要不以智治國，才是國家的幸福，否則就是國之賊。老子又認爲聰明的爲政者，對於每一件事情的利弊，都要全面掌握，然後才能「擇其善者而從之，其不善者而改之」。所以他主張「以智治國」與「不以智治國」之爲福爲禍，都可以做爲治國的法則。莊子說：「師是而無非，師治而無亂乎，是未明天地之理，萬物之情者也，是猶師天而無地，師陰而無陽，其不可行明矣。」（〈秋水篇〉）也正是這意思。能夠常常了解這兩種治國法則的人，可謂至高至深之德了。玄，高深之意。

㈢**玄德深矣遠矣，與物反矣，然後乃至大順。**

河上公曰：「玄德之人，深不可測，遠不可及也。玄德之人，與萬物反異。萬物欲益己，玄德欲施與人也。玄德之人，與萬物反異，故能至大順。大順者，順天理也。」

王弼曰：「反其真也。」

羅振玉曰：「景龍、敦煌辛本『深矣遠矣』作『深遠』。『與物反矣』無『矣』字。」

朱謙之曰：「嚴遵、河上、景福、傅奕、范應元本均無『然後』二字。」

案：這段話是說至德之人，深不可測，遠不可及。他的作爲雖然與俗人不同，但却是最順天理，最合乎自然法則。正是二十章所說：「俗人昭昭，我獨昏昏；俗人察察，我獨悶悶；眾人皆有以，而我獨頑似鄙。我獨異於人，而貴食母」的意思。

「與物反矣」的「反」，河上公作「相反」講，王弼却作「返歸」講。根據王弼的說法，應解釋爲：玄德之人與萬物返歸於眞樸。

【語 譯】

古時候善於以道治身治國的人，不是教人民玩弄巧詐的小聰明，而是要人民固守淳樸的天真。人民的難以治理，是因為他們玩弄了太多的小聰明。所以為政者如果想要用小聰明來治國，那將是殘害國家的賊；能不用小聰明來治國，才是國家的幸福。要知道「以智治國」與「不以智治國」都是治國的法則。能夠常常了解這種法則的人，就叫做有深遠之德的人。至德者的智慧，是深不可測，遠不可及的。他的作為雖然與俗人不同，但卻是最順天理、最合乎自然法則。

【韻讀】

此章江氏韻讀：國、賊、國、福、式、式、德韻（之部），遠、反韻（元部）。

第六十六章

江海所以能爲百谷王者，以其善下之，故能爲百谷王㈠。是以聖人欲上民，必以言下之；欲先民，必以身後之。是以聖人處上而民不重，處前而民不害，是以天下樂推而不厭㈡。以其不爭，故天下莫能與之爭㈢。

【註釋】

㈠**江海所以能爲百谷王者，以其善下之，故能爲百谷王。**

河上公曰：「江海以卑下，故衆流歸之，若民歸就王。」

《管子・形勢篇》曰：「海不辭水，故能成其大。」

嚴可均曰：「『以其善下之』，河上本無『其』字。」

案：這段話用江海的居卑處下，來譬喻國君必須兼容並蓄，禮賢下士，才能王天下。江海因其居卑處下，所以能兼容並蓄，藏污納垢。能兼容並蓄，才能成就它的深廣；雖藏污納垢，却不失它清淳的體性。當國君的人也應該效法江海居卑處下，禮賢下士，自然「四方歸之猶水之就下，沛然莫之能禦」。

(二)是以聖人欲上民，必以言下之；欲先民，必以身後之。是以聖人處上而民不重，處前而民不害，是以天下樂推而不厭。

河上公曰：「欲在民之上，法江海，處謙虛；欲在民之前，先人而後己也。」

呂吉甫曰：「聖人之有天下也，以言其位，則固欲上人也，然以孤寡不穀為稱（三十九章），而受國之垢與不祥，則以其言下之也；以言其序，則固欲先人也，然迫而後動，感而後應，不得已而後起，則以其身後之也。」

嚴可均曰：「王弼本無『聖人』兩字。」

羅振玉曰：「景龍、御注、敦煌庚、辛諸本『民』均作『人』。」

案：這段話是在說明統治者因居於人民之上，人民之前，所以很容易給人民構成威脅。因此老子警告站在上面的人，不要威勢凌人，才不會對人民構成很大的壓力；處在前面的人，不要見利爭先，才不會對人民構成很大的損害。人民沒有重壓感、沒有損害，自然很樂意擁戴他，不會厭惡他了。厭，厭惡的意思。

㈢以其不爭，故天下莫能與之爭。

河上公曰：「天下無厭聖人時，是由聖人不與人爭先後也。」

呂吉甫曰：「夫以其言下之，以其身後之，則不爭者也。樂推而不厭，則天下莫能與之爭者也。非體玄德者，其能若是乎？」

案：這段話是總結上文。上文所說的「以言下之」、「以身後之」都是「不爭」的美德。老子感覺到，天下之所以戰亂不息，是由你爭我奪而來。假如大家都能效法江海中水的不爭之德，天下自然太平。有不爭之德的人，天下人自然「樂推而不厭」，才能做到「後其身而身先」（第七章）。這種人天下還有誰能爭得過他呢？所以老子讚美水說：「上善若水。水善利萬物而不爭，處眾人之所惡，故幾於道。……夫唯不爭，故無尤。」（第八章）

【語譯】

江海之所以能成為百川歸往的地方，是因為它善於處卑居下，所以能成為百川歸往的地方。因此聖人想要居處於人民之上，必須說話謙卑，自稱孤寡不穀；想要居處於人民之先，必須處處禮讓，後天下之樂而樂。能謙卑，所以雖居處人民之上而沒有重壓感；能禮讓，所以雖居處於人民之先卻不會損害到人民。因此天下人都樂意擁戴他而不厭惡他。正因為他有不爭的美德，所以天下沒人能爭得過他。

【韻讀】

此章韻讀江氏無韻。

第六十七章

天下皆謂我道大，似不肖。夫唯大，故似不肖。若肖，久矣其細也夫㈠！我有三寶，持而保之。一曰慈，二曰儉，三曰不敢爲天下先㈡。慈，故能勇；儉，故能廣；不敢爲天下先，故能成器長㈢。今舍慈且勇，舍儉且廣，舍後且先，死矣㈣！夫慈，以戰則勝，以守則固。天將救之，以慈衛之㈤。

【註釋】

㈠**天下皆謂我道大，似不肖。夫唯大，故似不肖。若肖，久矣其細也夫！**

蘇子由曰：「夫道曠然無形，頹然無名，充徧萬物，而與物無一相似，此其所以為大也。若似於物，則亦一物耳，而何足大哉！」

嚴可均曰：「景龍本作『天下皆謂我大，不肖』。」

嚴可均曰：「『久矣其細也夫』，景龍本無『也夫』二字。」

嚴靈峯曰：「此數句與下文不相屬，疑當在三十四章『故能成其大』句下。」

案：這段話是說明道的偉大，不像任何具體的東西。道產生萬物，千變萬化，沒有一定的形狀，沒有一定的形象，不可名，不可道，所以它不固定於任何一樣具體的東西，也沒有一樣東西能夠代表它。

㈡**我有三寶，持而保之。一曰慈，二曰儉，三曰不敢爲天下先。**

呂吉甫曰：「天下有始以為天下母，而我守之。常寬容於物，不削於人，非慈乎？其行身也徐而不費，以約為紀，非儉乎？未嘗先人而常隨人，人皆取先，已獨取後，非不敢為天下先乎？」

羅振玉曰：「敦煌辛本無『敢』字。」

案：這段話是說明老子常保持的三件寶：一是慈愛，二是節儉，三是不敢居於天下人之先。慈愛就是愛護萬物，愛民如子。節儉就是五十九章所說「治人事天，莫若嗇」的嗇。嗇有吝惜、愛惜的意思。也就是論語中所說「以約失之者鮮矣」的「約」。約有節制、不浪費的意思。老子認爲一個愛惜精力、物力的人，一定節制他的精力、物力，使它不浪費。不敢爲天下先就是六十六章所說「以言下之」、「以身後之」的謙卑，禮讓的態度。

㈢慈，故能勇；儉，故能廣；不敢爲天下先，故能成器長。

王弼曰：「夫慈以陳則勝，以守則固，故能勇也。節儉愛費，天下不匱，故能廣也。唯後外其身，為物所歸，然後乃能立成器，為天下利，為物之長也。」

呂吉甫曰：「夫慈為柔弱矣，而能勝剛強，是能勇也。儉為不費矣，而用之不可旣，是能廣也。不敢為天下先，為後人矣，而聖人用之以為官長者，皆從我者也，是能器長也。」

劉師培曰：「古本『成器長』上有『為』字。」

案：這段話是說明三寶的效用。仁慈的人，他必定能仁民愛物，發揮「雖千萬人吾往」的大勇精神，像文王、武王「一怒而安天下之民」。能愛惜精力、物力的人，必能精力旺盛，廣積物力，才不會有匱乏之虞。能「以言下之」、「以身後之」，才能「後其身而身先」、「外其身而身存」（第七章）。能「受國之垢」、「受國不祥」，才能成爲「社稷主」、「天下王」（七十八章）。器，指萬物。器長就是萬物的首長。

㈣今舍慈且勇，舍儉且廣，舍後且先，死矣！

河上公曰：「今世人舍慈仁，但為武勇也；舍其儉約，但為奢泰；舍其後己，但為人先。所以如此，動入死地。」

王弼曰：「且，猶取也。」

嚴可均曰：「御注本『今舍慈且勇』，『舍』下有『其』字。」

朱謙之曰：「『死矣』嚴本作『則死矣』，御注作『且死矣』，傅本、范本均作『是謂入死門』。」

案：這段話說明捨棄三寶之害。今猶若，假設連詞。假如捨棄仁慈而想表現勇敢，這種勇敢將是血氣之勇的小勇，而非義理之勇的大勇，結果「勇而無禮則亂」。捨棄儉約，却想廣積精力、物力，只有走入貧窮匱乏的困境。捨棄「以言下之」、「以身後之」的謙讓美德，却想居處於人之先，那只有走入死亡的境界。所以捨本逐末的人，只有枉道速禍。

㈤**夫慈，以戰則勝，以守則固。天將救之，以慈衞之。**

河上公曰：「夫慈仁者，百姓親附，並心一意，故以戰則勝敵，以守衞則堅固。天將救助善人，必與慈仁之性，使能自營助也。」

嚴靈峯曰：「『天將救之，以慈衞之。』猶云：『以其慈，故天將救之、衞之。』蓋倒裝句也。」

案：這段話是說明，不但爲政之道貴在仁民愛物，即使戰爭亦須慈仁爲本。只有慈仁的人，才不會「以兵强天下」、才不會「以殺人爲樂」，才能做到不戰而屈人之兵。慈仁的人才能「節用而愛民」，防守的時候，人民一定「效死而弗去」，自然固若金湯。正因爲他的慈仁，天將救助他、保衞他。若依河上公的解釋，當解爲：當天將救助一個人的時候，一定會給與他慈愛之性，使他保衞自己。

【語　譯】

天下人都說道是偉大的，不像任何一樣具體的東西。只因為它的偉大，所以才不像任何一樣東西。如果像的話，早就變成不值一顧的小道了。

我有三種寶貝，常常保持着它們。第一種就是慈仁，第二種就是儉約，第三種就是不敢居於天下人之先。由於慈仁，所以能夠表現大勇的精神；由於儉約精力、物力，所以能集蓄深廣；由於不敢居於天下之先，所以能成為萬物的首長。反之，如果捨棄慈仁却想表現勇敢，捨棄儉約却想集蓄深廣，捨棄後其身的謙讓美德，却想居於人先，這種捨本逐末的做法，只有走入死亡的境界。談到慈仁這種道理，用來作戰就能勝利，用來防守就能鞏固，天将因為他的慈仁，救助他、保衞他。

【韻　讀】

此章江氏韻讀：勇、廣、長韻（陽東通韻，勇叶音枉。）

第六十八章

善爲士者不武，善戰者不怒，善勝敵者不與，善用人者爲之下㈠。是謂不爭之德，是謂用人之力，是謂配天古之極㈡。

【註釋】

㈠**善爲士者不武，善戰者不怒，善勝敵者不與，善用人者爲之下。**

河上公曰：「善為士者，貴道德，不好武力。善以道戰者，禁邪於胸心，絕禍於未萌，無所誅怒也。善以道勝敵者，附近以仁，來遠以德，不與敵爭，而敵自服也。善用人自輔佐者，常為人執謙下也。」

王弼曰：「士，卒之帥也。與，爭也。」

高亨曰：「與猶鬥也，古謂對鬥為與。」

朱謙之曰：「王弼本無『古之』二字。」

嚴可均曰：「河上、王弼本『不爭』作『不與』。」

案：這段話是說明有道之士，他保有不爭的美德。所謂「不武」、「不怒」、「不與」、「爲之下」都是不爭的美德。而不爭的美德，是產生於仁慈的居心。老子說：善做將帥的人，不輕易發怒，心平氣和，以靜制動；善勝敵的人，以德服人，不戰而能屈人之兵，不必與敵人對鬥；善用人的人，禮賢下士，像文王對於呂尙，桓公對於管仲，劉備對於孔明。

張岱年認爲老子與孫武子的文體、用詞、和軍事思想相近。

(二)是謂不爭之德，是謂用人之力，是謂配天古之極。

河上公曰：「上為之下也，是乃不與人爭之道德也。能身為人下，是謂用人臣之力，是乃古之極要道也。」

俞樾曰：「此章每句有韻，前四句以武、怒、與、下為韻，後三句以德、力、極為韻。疑『古』字衍文也。『是謂配天之極』六字為句，與上文『是謂不爭之德、是謂用人之力』，文法一律。其衍『古』字者，『古』即『天』也。《周書·周祝篇》曰『天為古』，是古與天同義。此經『配天之極』者，他本或有作『配古之極』者，後人傳寫誤合之耳。」

案：這段話是總結上文。「不爭之德」是承上文「不武、不怒、不與」而言；「用人之力」是承「爲之下」而言。「不爭」與「善下」最合自然之道。第八章所說「上善若水。水善利萬物而不爭，處衆人之所惡，故幾於道。」正是這意思。

【語譯】

善於做將帥的人，不逞武勇；善於作戰的人，不輕易發怒；善於勝敵的人，以德服人，不與敵人戰鬥；善於用人的人，禮賢下士，居於人下。這不武、不怒、不與，就是不與人爭的美德。禮賢下士，就能利用別人的能力，「不爭」與「處下」的美德，最合乎自然的法則。

【韻讀】

此章江氏韻讀：武、怒、與、下韻（魚部，怒上聲），德、力、極韻（之部）。

第六十九章

用兵有言：「吾不敢爲主而爲客，不敢進寸而退尺㈠。」是謂行無行，攘無臂，扔無敵，執無兵㈡。禍莫大於輕敵，輕敵幾喪吾寶。故抗兵相加，哀者勝矣㈢。

【註釋】

㈠**用兵有言：「吾不敢爲主而爲客，不敢進寸而退尺。」**

呂吉甫曰：「道之動常在於迫，而能以不爭勝。其施之於用兵之際，宜若有所不行者也。而用兵者有言：『吾不敢為主而為客，不敢進寸而退尺』，則雖兵猶迫而後動，而勝之以不爭也，而況於他乎？何則？主逆而客順，主勞而客逸，進驕而退卑，進躁而退靜，以順待逆，以逸待勞，以卑待驕，以靜待躁，皆非所敵也。所以爾者，道之為，常出於無為；故其動，常出於迫；而其勝，常以不爭，雖兵亦由是故也。」

吳澄曰：「為主，肇兵端以伐人也。為客，不得已而應敵也。」

蘇子由曰：「進，有意於爭者也。退，無意於爭者也。」

案：這段話在說明老子對於「用兵」的看法。老子是反對用兵的，因爲他認爲「佳兵者，不祥之器，物或惡之，故有道者不處」（三十一章），但是如「不得已而用之」，要「恬淡爲上」（三十一章）。戰勝了，還要「勿矜、勿伐、勿驕、勿强」（三十章），否則就是「樂殺人者」，「樂殺人者，則不可得志於天下矣！」（三十一章）所謂「吾不敢爲主」、「不敢進寸」，就是不敢製造戰爭的事端，不敢主動進兵侵犯鄰國。所謂「爲客」、「退尺」，就是要不得已而應敵，要退讓敵人。這樣才合乎老子「不爭之德」，結果卻「天下莫能與之爭」（六十六章）

由「用兵有言」可知老子對於兵書有所研究。

(二)是謂行無行，攘無臂，扔無敵，執無兵。

吳澄曰：「進戰者，整其行陣而行，攘臂以執兵，前進以扔敵。不行則雖有行如無行，不攘則雖有臂如無臂，不執則雖有兵如無兵，不仍之則雖有敵在前如無敵也。」

羅振玉曰：「景龍、景福、敦煌庚辛壬諸本『扔』均作『仍』。『執無兵』，敦煌辛本此句在『扔無敵』前。」

武內義雄曰：「敦、遂二本作『執無兵，扔無敵』，按此是上二句隔句押韻，敦、遂二本似優。」

案：這段話是承上文而來。老子認爲戰爭是不得已的事情，所以少殺人，最好能不戰而屈人之兵。因此假如能做到「雖有行陣，却無須擺出行陣來威脅敵人；雖有臂可揎，却無須揎出手臂來打擊敵人；雖有敵人，却無須接近敵人來殺戮他們；雖有兵器，却無須拿起兵器來攻擊敵人。」這是最理想的了。攘，《廣韻》：「揎袂出臂曰攘。」扔，《廣雅·釋詁》：「扔，引也。」《字林》：「引，就也。」引申有就、接近的意思。

㈢**禍莫大於輕敵，輕敵幾喪吾寶。故抗兵相加，哀者勝矣。**

王弼曰：「抗，舉也。加，當也。哀者必相惜而不趨利避害，故必勝。」

王眞曰：「凡言哀者，慈愛發於衷誠之謂也。」

《說文》：「哀，閔也。」

易順鼎曰：「哀卽愛，古字通。詩序曰：『哀窈窕而不淫其色』，哀亦當讀愛。抗兵相加哀者勝，卽上章慈以戰則勝也。」

蘇子由曰：「聖人以慈為寶，輕敵則輕戰，輕戰則輕殺人，喪其所以為慈矣。兩敵相加，而吾出於不得已，則有哀心，哀心見而天人助之，雖欲不勝，不可得也。」

羅振玉曰：「敦煌辛本『加』作『若』，壬本作『如』。景龍本、敦煌本均作『則哀者勝』。」

案：這段話總結上文，說明「哀兵必勝」的道理。哀是悲憫的意思。有悲天憫人之心的軍隊，必能打勝仗。因爲這種軍隊必定不敢輕敵。所謂輕敵，就是輕視敵人的生命。能重視敵人生命，才不草菅人命，濫殺無辜；才不會喪失慈愛之寶。所以說兩軍相對抗的時候，有悲憫之心的一方，可獲勝利。也就是六十七章所說「慈以戰則勝」的意思。」

【語譯】

用兵的軍事家說：「我不敢主動挑起戰端，只有在不得已的時候才起兵應戰。在作戰的時候，不敢逞强躁進一寸來擴大戰禍；却寧願退避讓敵一尺，來消弭戰亂。這就是說：雖有行陣，却無須擺出行陣來威脅人；雖有手臂，却無須揎起手臂來打擊人；雖有敵人，却無須接近敵人來攻擊敵人；雖有兵器，却無須拿兵器來殺戮敵人。因為災禍沒有比輕視敵人、濫殺無辜更嚴重的；濫殺無辜，將會喪失我的珍寶——慈愛。所以說：兩方舉兵相對抗的時候，有悲天憫人心腸的一邊，一定勝利。

【韻讀】

此章江氏韻讀：客、尺韻（魚部，尺、杵入聲），行、兵韻（陽部），臂、敵韻（支部），並據韻移「執無兵」句於「扔無敵」之上。

第七十章

吾言甚易知，甚易行；天下莫能知，莫能行㈠。言有宗，事有君。夫唯無知，是以不我知㈡。知我者希，則我者貴。是以聖人被褐懷玉㈢。

【註釋】

㈠**吾言甚易知，甚易行；天下莫能知，莫能行。**

王弼曰：「可不出戶窺牖而知，故曰甚易知也；無為而成，故曰甚易行也。惑於躁欲，故曰莫之能知也。迷於榮利，故曰莫之能行也。」

蘇子由曰：「道之大，復性而足；而性之妙，見於起居飲食之間耳。聖人指此以示人，豈不易知乎？人能體此以應物，豈不易行乎？然世常患日用而不知，知且不能，而況行之乎？」

朱謙之曰：「傅奕、范應元本作『而人莫之能知，莫之能行』。」

案：這段話是說明老子感嘆易知易行的道，天下人却不能知不能行。老子提倡柔弱、虛靜、處下、不爭，這些都是本於自然的道理，在日常生活中常常應用到的，是非常平易、淺近的道理。可是一般人却偏偏要捨易求難，捨近求遠，所以莫能知、莫能行。孔子說：「道之不明也，我知之矣，知者過之，愚者不及也。道之不行也，我知之矣，賢者過之，不肖者不及也。人莫不飲食也，鮮能知味也。」（《中庸》）孟子說：「道在邇而求諸遠，事在易而求諸難，人人親其親，長其長而天下平。」（《孟子‧離婁篇》）也正是老子這段話的意思。

㈡言有宗，事有君。夫唯無知，是以不我知。

王弼曰：「宗，萬物之主也。君，萬事之主也。」

呂吉甫曰：「何謂宗？無為而自然者，言之宗也。自其宗而推之，則言雖不同，皆苗裔而已矣，其有不知者乎？何謂君？無為而自然者，事之君也。得其君而治之，則事雖不同，皆臣妾而已矣，其有不行者乎？」

朱謙之曰：「傅奕、范應元本『君』作『主』。」

羅振玉曰：「敦煌本『我』作『吾』。」

案：宗是根本，君謂主體。道爲萬物之始，就是事有君；爲是非之紀，就是言有宗。老子以「行不言之教」爲立言之本；以「處無爲之事」爲治事之主。而這立言治事的根本原則，都是效法自然之道而來的。但是只因爲俗人的無知（另一說，自己大智若愚像個無知的人），所以不能了解我這易知易行的道。

㈢知我者希，則我者貴。是以聖人被褐懷玉。

王弼曰：「被褐者同其塵，懷玉者寶其真也。聖人之所以難知，以其同其塵而不殊，懷其玉而不渝，故難知而為貴也。」

蘇子由曰：「被褐懷玉者，聖人外與人同，而中獨異也。」

朱謙之曰：「范應元本『被』作『披』，傅奕、范應元本『褐』下均有『而』字。」

案：老子認為「道者萬物之奧，善人之寶，不善人之所寶」（六十二章），所以能夠用「道」做為立言治事原則的人，是難能可貴的。只可惜眞正能夠了解的人却很少。聖人大白若辱，盛德若不足（四十一章）。他的外表看起來就好像穿著粗毛布衣服的鄙陋的人，可是內裏却懷藏著珠玉般美好的才學，因此能夠了解我的人就少了。褐是低賤的人所穿的粗毛布的衣服。

【語譯】

我所說的道理很容易了解，也很容易實行。但是一般人因為惑於躁欲，所以不能夠了解；因為迷於榮利，所以不能夠實行。我的言論以自然無為為主旨，我的治事以自然無為為原則。只因為俗人的無知，所以不能夠了解我這易知易行的道理。了解這道理的人太少了，能夠用這道理做為立言行事原則的人，實在是難能可貴。聖人的外表好像穿著粗毛布衣服的鄙陋的人，可是內裏却懷藏著珠玉般美好的才學。

【韻讀】

此章韻讀江氏無韻。

第七十一章

知不知，上；不知知，病㈠。聖人不病，以其病病。夫唯病病，是以不病㈡。

【註　釋】

㈠**知不知，上；不知知，病。**

河上公曰：「知道言不知，是乃德之上也。不知道言知，是乃德之病。」

案：這段話是說明求知的態度。一般人常患强不知以爲知的毛病，這種毛病是求知的人必須改正的。知道自己有所不知道，是最好；不知道却自以爲知道，是毛病。孔子曾經告訴子路說：「知之爲知之，不知爲不知，是知也。」（〈為政篇〉）正是老子這段話的意思。

㈡**聖人不病，以其病病。夫唯病病，是以不病。**

河上公曰：「夫唯能病苦衆人有强知之病，是以不自病也。聖人無此强知之病者，以其常苦衆人有此病。以此非人也，故不自病。」

將錫昌曰：「王弼本原作『夫唯病病，是以不病。聖人不病，以其病病，是以不病。』文句誤倒且複出，據御覽疾病部引作：『聖人不病，以其病病。夫唯病病，是以不病。』較諸本為長。」

案：這段話是說，聖人沒有强不知以爲知的毛病，是因爲他把這毛病當做毛病來重視它、改正它。只因爲他把這毛病當做毛病，所以才不會有這種毛病。

【語譯】

知道自己有所不知道，是最好；不知道却自以為知道，是毛病。聖人沒有强不知以為知的毛病，是因為他把這毛病當做毛病。只因為他把這毛病當做毛病，因此才不會有這種毛病。

【韻讀】

此章韻讀江氏無韻。

第七十二章

民不畏威，則大威至㈠。無狎其所居，無厭其所生。夫唯不厭，是以不厭㈡。是以聖人自知不自見，自愛不自貴。故去彼取此㈢。

【註釋】

㈠**民不畏威，則大威至。**

王弼曰：「威不能復制民，民不能堪其威，則上下大潰矣。」

陳柱曰：「民孰不樂生而畏死，然壓制之力愈強，則反抗之力愈猛，此專制政體下，所以多暴也。」

嚴可均曰：「河上公本無『則』字，末有『矣』字。」

案：這段話是老子對於高壓政治所提出的警告。老子認爲有國者應當以德服人，方可使人心悅誠服。如果想要靠暴力、威勢壓制人民，那是很危險的。因爲有一天，當威勢壓制不住的時候，暴動、革命這些最可怕的事情就要發生了。上「威」字是指暴君的威勢。下「威」

字是指人民的暴動、革命等可畏的事。

(二)無押其所居，無厭其所生。夫唯不厭，是以不厭。

奚侗曰：「狎假為狹。狹卽說文陜字，隘也，隘有迫誼。此言治天下者，無陜迫人民之居處，使不得安適。」又曰：「厭，說文：笮也。無厭笮人民之生活，使不得順適。」

高亨曰：「上『厭』字卽上文『無厭其所生』之『厭』。下『厭』字乃六十六章『天下樂推而不厭』之『厭』。言夫唯君不厭迫其民，是以民不厭惡其君也。」

羅振玉曰：「景龍、御注、景福、敦煌諸本『狎』均作『狹』。」

案：這段話是承上文而來。既然高壓政策有壓不住人民的時候，所以在位者當行德政，使人民安和樂利。所謂「養生喪死無憾，王道之始」（《孟子·梁惠王篇》）就是這個意思。不要脅迫人民的生存，也不要壓搾人民的生活。苟能如此，人民自然樂意推戴而不厭惡他。居，就是論語憲問篇「士而懷居，不可以爲士」的居，泛指生活上的一切事物。

(三)是以聖人自知不自見，自愛不自貴。故去彼取此。

河上公曰：「自知己之得失，不自顯現，德美於外，藏之於內。自愛其身，以保精氣，不自貴高榮名於世。」又曰：「去彼，自見、自貴；取此，自知、自愛。」

王元澤曰：「自知則明乎性而不為妄；自愛則保其身而不為非。」

羅振玉曰：「敦煌辛本『是以』作『故』。」

案：這段話是說明爲政者想把國家治好，必須把修身工夫做好，想把修身工夫做好，必須先從了解自己開始。所以聖人但求了解自己的得失，以便「擇其善者而從之，其不善者而改之」；却不自我表揚。但求自愛其身心，以保精氣，却不自顯高貴。因此，他去除自見、自貴，而採取自知、自愛。

【語　譯】

當人民不畏懼暴君的威勢的時候，那麼最可怕的反抗事件就要到來了。所以在位者應該不要脅迫人民的生存，也不要壓搾人民的生活。只因為他不壓搾人民的生活，因此人民才不會厭惡他。所以聖人但求了解自己的得失，却不自我表揚；但求愛惜自己的身心，却不自顯高貴。因此，他去除自見、自貴，而採取自知、自愛。

【韻　讀】

此章韻讀江氏無韻。

第七十三章

勇於敢則殺，勇於不敢則活㈠。此兩者，或利或害。天之所惡，孰知其故㈡？是以聖人猶難之㈢。天之道，不爭而善勝，不言而善應，不召而自來，繟然而善謀㈣。天網恢恢，疏而不漏㈤。

【註　釋】

㈠**勇於敢則殺，勇於不敢則活。**

河上公曰：「勇於敢有為，即殺其身也。勇於不敢有為，則活其身。」

蔣錫昌曰：「七十六章：『堅强者死之徒，柔弱者生之徒。』敢即堅强，不敢即柔弱。」

案：在個人的修養方面，老子是主張「守柔弱」而「戒剛强」。這段話中所說的「敢」就是指逞强、好勝；「不敢」就是指柔弱、謙讓。老子認爲勇於逞强、好勝的人，就會招來殺身之禍；勇於固守柔弱、謙讓的人，才能保身活命。

㈡此兩者，或利或害。天之所惡，孰知其故？

河上公曰：「此兩者，謂敢與不敢也。活身為利，殺身為害。」

呂吉甫曰：「勇於敢者人以為利，而害或在其中矣；勇於不敢人以為害，而利或在其中矣。然則天之所惡，殆非可以知知而識識也。故曰此兩者或利或害，天之所惡，孰知其故？」

羅振玉曰：「景龍、御注、景福三本均作『知此兩者』，敦煌庚壬二本作『常知此兩者』。」

案：這段話是承上文而來。兩者是指「敢」與「不敢」。利是指活身，害是指殺身。固守柔弱、禮讓，可以得到活身之利；勇於逞強、好勝，將會招來殺身之害。這是天理，然而有些人不能了解它，卻偏偏要反其道而行，以逞強爲利，以柔弱爲害。

㈢是以聖人猶難之。

羅振玉曰：「『是以聖人猶難之』，景龍、敦煌辛本無此句。」

馬敘倫曰：「『是以聖人猶難之』一句乃六十三章錯簡複出者，易州無此句，可證也。」

這句話是六十三章錯簡複出，應刪去。

㈣天之道，不爭而善勝，不言而善應，不召而自來，繟然而善謀。

河上公曰：「天不與人爭貴賤，而人自畏之；天不言，萬物自動應以時；天不呼召，萬物皆負陰而向陽；天道雖寬博，善謀慮人事，修善行惡，各蒙其報也。」

王弼曰：「夫唯不爭，故天下莫能與之爭，不爭而善勝也；順則吉，逆則凶，不言而善應也；處下而物自歸，不召而自來也；垂象而見吉凶，先事而設誡，安而不忘危，未兆而謀之，故曰繟然而善謀也。」

嚴可均曰：「河上本『繟』作『墠』。」

羅振玉曰：「敦煌庚本『繟』作『坦』。」

盧文弨曰：「繟、坦、墠三字音相近，得通用。」

案：老子認爲大自然的偉大，在於不和萬物爭強，却能勝過萬物；雖然不曾說話，萬物却都能呼應它。如「月暈而風，礎潤而雨。」不用召喚，該來的自己會到到來。如「春去秋來。」寬坦無私而且善於爲萬物謀劃。繟然是寬坦的樣子。

㈤**天網恢恢，疏而不漏。**

河上公曰：「天所網羅，恢恢甚大，雖疏遠，司察人善惡，無有所失。」

嚴可均曰：「『疏而不漏』各本作『不失』。」

案：這段話是說，天理昭彰，它好像一道羅網，雖然寬大稀疏，可是司察善惡，却從未漏失。恢恢是廣大的樣子。

【語　譯】

勇於逞強、好勝的人，就會招來殺身之禍；勇於固守柔弱、謙讓的人，才能保身活命。逞强與守柔這兩件事，有利有害。逞强是天道所厭惡的，可是有誰知道這緣故呢？大自然的偉大，在於不和萬物爭强，却能勝過萬物；雖然不曾說話，萬物却都能呼應它；不用召喚，該來的自己會到來；寬坦無私而且善於為萬物謀劃。天理昭彰，它好像一道羅網，雖然寬大稀疏，可是司察善惡，却從未漏失。

【韻　讀】

此章江氏韻讀：殺、活、害韻（祭部，殺音設，活、胡厥反，害、胡折反），惡、故韻（魚部），勝、應韻（蒸部），來、謀韻（之部）。

第七十四章

民不畏死，奈何以死懼之(一)？若使民常畏死，而爲奇者吾得執而殺之，孰敢(二)？常有司殺者殺。夫代司殺者殺，是謂代大匠斲。夫代大匠斲者，希有不傷其手矣(三)。

【註釋】

(一)**民不畏死，奈何以死懼之？**

河上公曰：「治國者，刑罰酷深，民不聊生，故不畏死也。治身者，嗜欲傷神，貪財殺身，民不知畏之也。人君不寬刑罰，教民去情欲，奈何設刑法，以死懼之。」

蘇子由曰：「政煩刑重，民無所措手足，則常不畏死，雖以死懼之，無益也。」

案：這段話是老子感慨時君的濫用刑罰，濫殺無辜。莊子認爲：人之生，是適時而來；人之死，是順時而去（〈養生主〉）。人的生死，本是順應自然的。但是由於時君的濫用刑罰，致使許多人不得享盡天年。談到死亡這個問題，大部分的人都有恐懼感。但是，「人情安則樂生，痛則思死」（路溫舒〈尚德緩刑書〉），爲政者如果政煩刑重，置人民於生不如死的地步，人民只有鋌而走險。到那時，用死刑來恐嚇人民也沒什麼用了。

(二)若使民常畏死，而爲奇者吾得執而殺之，孰敢？

河上公曰：「以道教化而民不從，反為奇巧，乃應王法執而殺之，誰敢有犯者。」

王弼曰：「詭異亂群謂之奇。」

羅振玉曰：「『若使民』，景龍、敦煌辛本無『民』字。『吾得執』，景龍、敦煌辛本『得執』均作『執得』。『孰敢』敦煌辛本『敢』下有『矣』字。」

案：這段話是說明，想用嚴刑峻法來維持社會秩序，只是消極治標的辦法，而且效果不一定好，甚至於還有失效的時候。治本的方法，就是要使人民豐衣足食，知禮明義，自然會愛惜生命，不敢爲非作歹。這裏所謂的「畏死」，並不是怕死的意思，而是愛惜自己的生命，不輕易去死的意思。爲政者如果能夠使百姓愛惜自己的生命，不敢鋌而走險，那麼這個國家就安定了。假如還有少數人想爲非作歹，只好把他捉來繩之以法，那還有誰敢做壞事呢？

(三)常有司殺者殺。夫代司殺者殺，是謂代大匠斲。夫代大匠斲者，希有不傷其手矣。

河上公曰：「司殺者天，居高臨下，司察人過。天網恢恢，疏而不失也。」

呂吉甫曰：「天網恢恢，疏而不失，天討有罪，五刑五用，則司殺者天之謂也。刑戮有出於好惡，而不用於天討，則是代司殺者殺也。」

羅振玉曰：「『夫代大匠斲者』，景龍、御注、景福、敦煌庚辛諸本均無『者』字，『希有不傷其手矣』，景龍、敦煌辛本均無『矣』字，敦煌庚辛本均無『有』字。」

案：所謂司殺者是天，天就是自然。天對於萬物，順道則生，逆道則亡，這就是古書上所說的天討，也就是現代人所說的自然淘汰。爲人君者如果賞罰不公，喜有賞，怒有刑，便是「代司殺者殺」。想要「代司殺者殺」的人，就好像拙夫却要代替大匠斲木。拙夫想代替大匠斲木，很少有不傷害到自己的手的。耶蘇說：「動刀者，必死於刀下」，正是這個意思。

【語　譯】

當人民在暴政下生不如死而不怕死的時候，為什麼還要用死亡來恐嚇他們呢？為政者應當要使人民愛惜自己的生命，不輕易走險。如果有人想要為非作歹的話，我只好捉來繩之以法，那還有誰敢為非作歹？殺這些壞人的工作，經常要由公正的人掌管。假如有人想要代替這位「司殺者」殺人的話，這就叫做代替大匠斫斲木材的人，很少有不傷害到自己的手的。

【韻讀】

此章韻讀江氏無韻。

第七十五章

民之饑，以其上食稅之多，是以饑㈠。民之難治，以其上之有爲，是以難治㈡。民之輕死，以其上求生之厚，是以輕死㈢。夫唯無以生爲者，是賢於貴生㈣。

【註釋】

㈠**民之饑，以其上食稅之多，是以饑。**

河上公曰：「人民之所以饑寒者，以其君上稅食下太多。」

呂吉甫曰：「一夫之耕，是以食數口，則奚至於饑哉？而至於饑者，非以其上食稅之多故饑耶？」

羅振玉曰：「御注、敦煌辛本『民』字均作『人』。」

案：這段話是老子對於時君橫征暴斂的剝削政策，造成民不聊生的感慨。從《論語·先進篇》：季氏富於周公，而求也爲之聚斂，而附益之」以及《孟子·梁惠王篇》：「庖有肥肉，廐有肥馬，民有饑色，野有餓莩」，可以看出春秋、戰國時代剝削政策的嚴重。在位者如果橫征暴斂，厲民以自養，將造成人民「樂歲終身苦，凶年不免於死亡」的饑寒之災。

㈡民之難治，以其上之有爲，是以難治。

河上公曰：「民之不可治者，以其君上多欲，好有為也。」

呂吉甫曰：「織而衣，耕而食，是謂同德，奚難治哉？而至於難治者，非以其上之有為故難治哉！」

羅振玉曰：「『民』敦煌辛本作『百姓』。『上之』景龍、敦煌辛本均無『之』字。」

案：老子認爲政治的禍根，除了經濟剝削以外，便是「有爲」的政治。老子所謂「有爲」，是指多事妄爲，政令煩苛。也就是五十七章所說的「朝多利器，國家滋昏，法令滋彰，盜賊多有」，五十八章所說的「其政察察，其民缺缺」。所謂「利器、法令、察察」，都是好用智術的表現。上好智術，則下好詐僞；上下如此，國家必亂。所以老子說：「民之難治，以其知多。故以知治國，國之賊；不以知治國，國之福」（六十五章）。

㈢民之輕死，以其上求生之厚，是以輕死。

李息齋曰：「我欲厚其生，則不顧人之生。我厚而彼薄，彼安得不輕死。」

羅振玉曰：「『求生』景龍、敦煌辛本作『生生』。」

案：所謂「求生之厚」，是指縱欲於聲色犬馬之樂。在位者如果縱欲於聲色犬馬之樂，必定會橫征暴斂，厲民以自養。其結果民不聊生，只好鋌而走險。

㈣夫唯無以生爲者，是賢於貴生。

李息齋曰：「聖人之於生，蓋不得已，彼視其生，若無以生為也，豈肯厚吾之生，而奪人之生哉？是之謂賢於貴生。」

高亨曰：「無以生為者，不以生為事也，卽不貴生也。君貴生則厚養，厚養則苛斂，苛斂則民苦，民苦則輕死，故君不貴生，賢於貴生。」

羅振玉曰：「敦煌辛本『為』下更有『生』字。『貴生』景福本『生』下有『也』字。」

案：所謂「無以生爲」，是指不刻意有爲以厚養其生的意思。大凡厚養其生的人，必定縱欲於聲色犬馬之樂。但是老子認爲：「五色令人目盲，五音令人耳聾，五味令人口爽，馳騁畋獵令人心發狂」（十二章），所以縱欲的結果，必自戕其身，以速其死。因此在位者如能恬淡寡欲，清靜無爲，比起橫征暴斂，厚養貴生，要好得多了。

【語譯】

人民所以饑餓，是因為在上位的人征收稅賦太多，所以人民才饑餓。人民所以難於治理，是因為居上位的人多事妄為，政令煩苛，所以才難於治理。人民所以不愛惜生命，輕易走險，是因為在上位的人生活太奢侈，需求無度，人民不堪其苦，所以才會輕易走險。因此，在上位的人如能恬淡寡欲，清靜無為，比起橫征暴斂，厚養貴生，是要好得多了。

【韻　讀】

此章韻讀江氏無韻。

第七十六章

人之生也柔弱，其死也堅強。萬物草木之生也柔脆，其死也枯槁。故堅強者死之徒，柔弱者生之徒(一)。是以兵強則滅，木強則折(二)。強大處下。柔弱處上(三)。

【註釋】

(一)**人之生也柔弱，其死也堅强。萬物草木之生也柔脆，其死也枯槁。故堅强者死之徒，柔弱者生之徒。**

河上公曰：「人生含和氣，抱精神，故柔弱也。人死和氣竭，精神亡，故堅强也。」

李息齋曰：「此章汎言柔弱之必生，剛强之必死。柔弱雖非所以為道，而近於無為；剛强雖未離於道，而涉於有為。無為則去道不遠，有為則吉凶悔吝隨之，益遠於道矣。」

羅振玉曰：「『人之生也柔弱』，景龍、敦煌辛本均無兩『也』字，下二句同。敦煌辛本

『堅』作『剛』。」又曰：「『萬物草木之生也柔脆』，景龍、御注、敦煌辛本均作『生之』，敦煌庚本無『也』字、『枯』字。」

嚴靈峯先生曰：「人與草木皆屬萬物，則『萬物』二字當係衍文，因據傅本刪。」

案：老子從人類和草木的成長過程中，發現了他（它）們的特徵。那就是當他（它）們生存的時候是柔弱的；當他（它）們死亡的時候是堅硬的。老子由觀察物理，歸納經驗，又進而發現到「柔弱」、「堅强」不僅是「生命現象」的定理，也是「生存活動」的定理。萬物在生存活動過程中，凡是能固守柔弱者才能生存，逞强好勇者必定死亡。所以說：「堅强者死之徒，柔弱者生之徒。」

㈡是以兵强則滅，木强則折。

吳澄曰：「用兵示弱者，謀深而工，敵輕而玩之，故勝；恃强者，慮淺而驕，敵懼而備之，故不勝。」

俞樾曰：「御注、景福、河上諸本均作『兵强則不勝，木强則共』，於義難通，《列子・黃帝篇》引老聃曰：『兵强則滅，木强則折』，即此章之文，可據以訂正。」

案：這段話承上文而來。老子由上面觀察人類與草木的活動過程中，所得到的經驗知識，發展到用兵的知識。他認爲用兵的時候，故意在敵前示弱，讓敵人輕敵疏忽，就能打敗敵人。如果逞强好勇，敵人因畏懼而嚴加戒備，就要自取敗亡了。同樣道理，細小的樹木，因爲柔弱有彈性，所以不容易折斷；高大的樹木，因爲剛强缺乏彈性，却反而容易摧折。

㈢强大處下，柔弱處上。

河上公曰：「興物造功，大木處下，小物處上。天道抑强扶弱，自然之效也。」

吳澄曰：「因言兵而幷及於木。上文言兵强者為人所勝，是處下也，不能如勝人者之處上。木强者近根之榦，是處下也，不得如小枝之處上，推此物理，則知人之德行，凡堅强者矜己陵人，必蹶其高貴，而反處人下矣；柔弱者衆所尊戴，而得一處人上矣。」

羅振玉曰：「敦煌辛本作『故堅强居下』。」

朱謙之曰：「遂州、彭本上『處』作『居』。」

案：就效果而言，强大者看似擁有有利的條件，結果反而處於下位；柔弱者看似處於不利的地位，結果却反而高高在上。第七章所說：「聖人後其身而身先，外其身而身存」，正是這個意思。

【語譯】

人類活著的時候，身體是柔軟的；死亡的時候，是堅硬的。草木生存的時候是柔弱的；死亡的時候，是枯槁的。所以逞强好勇，是屬於死亡的一類；固守柔弱，是屬於生存的一類。因此用兵逞强，就得滅亡；樹木壯大，就容易斷折。由上可知，凡是强大者，反而居於下位；凡是柔弱者，却高高在上。

【韻　讀】

此章韻讀江氏無韻。

第七十七章

天之道，其猶張弓與？高者抑之，下者舉之；有餘者損之，不足者補之㈠。天之道，損有餘而補不足；人之道則不然，損不足以奉有餘。孰能有餘以奉天下，唯有道者㈡。是以聖人爲而不恃，功成而不處，其不欲見賢㈢。

【註釋】

㈠**天之道，其猶張弓與？高者抑之，下者舉之；有餘者損之，不足者補之。**

河上公曰：「天道暗昧，舉物類以為喻也。言張弓和調之，如是乃可用。夫抑高舉下，損强益弱，天之道也。」

羅振玉曰：「景龍本、敦煌辛本均無『與』字。御注、景福、敦煌庚本『與』作『乎』。」

案：老子用拉弓射箭來比喻道的作用。弓必須調適，然後才可以射得遠、射得準。道必須調和，而後才能達到「天地位焉，萬物育焉」（《中庸》）的境界。射得太高的，把弓壓低；射得太低的，把弓抬高。這是調整射箭的道理。太多的，減少它；太少的，彌補它，這是道的調和作用。道的作用貴在調和事物。事事物物都能得到調和，一切自然均衡；一切能均衡，世界自然太平。太平之道，有賴於道的調和作用。所以《論語‧學而篇》說：「禮之用，和爲貴；先王之道，斯爲美。」五臟調和，身體才能健康；家庭和順，才能萬事成；做生意的方法，在於和氣生財；爲政之道，在於政通人和；處世之道，更須要和平。「和」的作用實在太大了。

(二)天之道，損有餘而補不足；人之道則不然，損不足以奉有餘。孰能有餘以奉天下，唯有道者。

河上公曰：「天道損有餘而益謙，常以中和為上。人道則與天道反也。世俗之人，損貧以奉富，奪弱以益强。」

蘇子由曰：「天無私故均，人多私故不均。有道者贍足萬物而不辭，既以為人己愈有，既以與人己愈多，非有道者，無以堪比。」

羅振玉曰：「御注、景福、廣明、敦煌庚本『能』下均有『以』字。『有餘以』御注、景福二本均無『以』字。」

案：道在自然界便是天之道（自然法則），在人生界便是人之道（人生法則）。在這一段話裡面，老子把自然的規律和現實社會的規則做了對比的說明。自然的規律是減少多餘的彌補不足的，來保持均平調和，是一種發散佈施的精神作用。現實社會的規則卻不如此。它是搜刮不足的人，來供奉有餘的人，是一種聚斂剝削的精神作用。結果社會失去均衡調和，盜賊蠭起，戰亂頻仍。所以老子感嘆地說：「誰能拿出多餘的供奉天下人分享呢？那只有有道的聖人罷？」孔子說：「有國有家者，不患貧而患不均，不患寡而患不安。蓋均無貧，和無寡，安無傾。」（論語·季氏篇）正是這意思。

㈢是以聖人爲而不恃，功成而不處，其不欲見賢。

河上公曰：「聖人為德，施不恃望其報也。功成事就，不處其位。不欲使人知己之賢，匿功不居榮名，畏天損有餘也。」

李息齋曰：「能及萬物而不恃其能，功蓋天下而不居其功，利澤施於天下而不欲見其賢，唯有道者而後如此。」

羅振玉曰：「敦煌庚辛本『功成』作『成功』。景龍、御注、敦煌辛本均無『而』字。『其不欲見賢』敦煌庚本『賢』下有『也』字，辛本作『則其欲退賢』。」

奚侗曰：「三句與上文誼不相附。上二句已見二章，又複出於此。」

嚴靈峯老子章句新編引日本市川匡曰：「古注誤入。」

案：奚侗認爲這段話和上文誼不相附，本人却不以爲然。上文所謂：「損不足以奉有餘」，是談到人的貪心問題。而這裏所談的「爲而不恃，功成而不處，其不欲見賢」，正是說到貪心的反面—不貪功，不貪名的問題。有所作爲却不自恃其能，成就功業却不自居其功，有聰明才智却不自我表現，這正是聖人謙讓的美德。

【語譯】

自然的規律，豈不像拉弓射箭一樣嗎？射得太高的，壓低它；射得太低的，抬高它。用力過多的，減少它；用力不足的，彌補它。自然的規律，是減少有餘的來彌補不足的；可是現實社會的規則，却要剝削不足的來供奉有餘的。有誰能夠把自己多餘的拿出來供奉天下人分享呢？我想只有有道者才能做得到罷？聖人體會到「既以為人己愈有，既以與人己愈多」的天道的佈施精神，所以他有所作為却不自恃其能，功業有所成就却不自居其功，有聰明才智却不自我表現。

【韻讀】

此章韻讀江氏無韻。

第七十八章

天下莫柔弱於水，而攻堅強者莫之能勝，以其無以易之㈠。弱之勝強，柔之勝剛，天下莫不知，莫能行㈡。是以聖人云：「受國之垢，是謂社稷主；受國不祥，是爲天下王。」正言若反。

【註釋】

㈠**天下莫柔弱於水，而攻堅強者莫之能勝，以其無以易之。**

河上公曰：「言水柔弱，圓中則圓，方中則方，擁之則止，決之則行。水能懷山襄陵，磨鐵消銅，莫能勝水而成功也。夫攻堅强者，無以易於水。」

呂吉甫曰：「天下之物，唯水為能因物之曲直方圓而從之，則是柔弱莫過於水者也。而流大物、轉大石、穿突陵谷，浮載天地，唯水為能，則是攻堅强者無以先之也。所以然者，以其雖曲折萬變，而終不失其所以為水，是其無以易之也。」

羅振玉曰：「釋文河上本作『天下柔弱莫過於水』，御注、敦煌辛本、景福諸本並同。『攻』敦煌辛本作『功』。『强者』景龍、敦煌辛本均無『者』字。景龍、敦煌辛本『勝』均作『先』。」又曰：「『以其無以易之』景福本作『以其无能易之』。」

案：這段話和四十三章所說「天下之至柔，馳騁天下之至堅」，是老子用來說明柔弱勝剛强的道理。談到柔弱這個問題，天下萬物沒有比水更弱柔的了。要它圓就圓，要它方就方，要它止就止，要它行就行。然而攻擊堅强的東西却沒有一樣能夠勝過它。屋簷下的雨水，可以滴穿堅硬的石頭；洪水泛濫的時候，可以懷山襄陵，可以沖毀房屋橋梁，任何堅强的東西都抵擋不住。所以「柔弱勝剛强」可以說是不變的眞理了。

(二)弱之勝强，柔之勝剛，天下莫不知，莫能行。

河上公曰：「水能滅火，陰能消陽。舌柔齒剛，齒先舌亡。」

羅振玉曰：「『柔之勝剛』景福本『勝』作『能』，景龍、敦煌庚本同，而無『故』字。御注、敦煌辛本作『故柔勝剛，弱勝强』。」

案：這段話是承上文而來。水弱而火强，然而水能滅火；陰弱而陽强，然而陰能消陽。舌柔而齒剛，然而齒先舌斷。弱能勝强，柔能克剛，這些道理是人人皆知的，但是却很少人能遵行它。難怪老子要感嘆「吾言甚易知，甚易行，天下莫能知，莫能行」（七十章）了。

㈢**是以聖人云，「受國之垢，是謂社稷主；受國不祥，是爲天下王。」正言若反。**

河上公曰：「人君能受國之垢濁者，若江海不逆小流，則能長保其社稷，為一國之君主也。人君能引過自與，代民受不祥之殃，則可以王有天下。此乃正直之言，世人不知，以為反言。」

蘇子由曰：「正言合道而反俗，俗以受垢為辱，受不祥為殃故也。」

呂吉甫曰：「湯武之言曰：『萬方有罪，在予一人。』此知以國之垢與不祥而受之者也。」

劉師培曰：「案《淮南・道應訓》引老子『受國』上均有『能』字，『不祥』上又有『之』字，當為古本。」

案：這段話中所說的「垢」與「不祥」，是指老子書中所說的「曲、枉、窪、敝、少、雌、柔、弱、賤、損、嗇、慈、儉、後、下、孤、寡、不穀」之類。能爲全國人承當「垢」與「不祥」的人，才能得到「全、直、盈、新、多、雄、剛、強、貴、益、廣、先、高、尊」等益處。才能成爲社稷主，天下王。漢朝路溫舒說：「山藪藏疾，川澤納汚，瑾瑜匿惡，國君含垢」(〈尚德緩刑書〉)，正是這意思。老子的目標是與大家相同的，然而達到目標的方法却與衆不同。因此他所說的合於正道的言論，一般人會以爲與俗情相反。

【語譯】

天下萬物沒有比水更柔弱的，然而攻克堅强的東西，沒有一樣能勝過它，因為「柔弱勝剛强」是不變的真理。（另一說：因爲沒有一樣東西能取代它最柔弱的地位。）弱能夠勝强，柔能夠勝剛的道理，天下沒有一個人不知道，但是却很少人能夠實行，因為大家都喜歡逞强。因此聖人說：「能夠為全國人承受屈辱的，才配稱社稷之主；能夠為全國人承擔災難的，才配做天下之王。」這些話都是合於正道的言論，可是一般人却認為與俗情相反，因而不相信它，不實行它。

【韻讀】

此章江氏韻讀：强、剛、行韻（陽部），垢、主韻（侯部，主、朱掫反），祥、王韻（陽部），言、反韻（元部，反平聲）。

第七十九章

和大怨，必有餘怨，安可以爲善(一)？是以聖人執左契而不責於人(二)。有德司契，無德司徹(三)。天道無親，常與善人(四)。

【註釋】

(一)**和大怨，必有餘怨，安可以爲善？**

李息齋曰：「怨之不可和，猶火之不可寒，水之不可熱，若强和之，必有餘怨，以此為善，未足也。」

魏源曰：「學道者苟於大怨强自和之，而尚有藏怒宿怨之存於中，即使終不發作，而纖介未去，與丘山同。」

朱謙之曰：「廣明本『和』作『知』。彭本『怨』下有『者』字。葉夢得本無『必』字。」

案：這段話是老子警告爲政者不可蓄怨於民。和有和解、調解的意思。當大怨結成之後，雖盡力想辦法和解，終究還會有餘怨存在心中，所以老子認爲這種治標的方法，怎麼可以算是好辦法呢？因此最好的辦法就是以德服人，使怨恨無從產生，這才是治本的方法。

㈡是以聖人執左契而不責於人。

說文曰：「契，大約也。」

高亨曰：「凡貸人者執左契，貸於人者執右契。貸人者可執左契以責貸於人者，令其償還。聖人執左契而不責於人，即施而不求報也。」

羅振玉曰：「景龍本、敦煌本均無『而』字。」

案：這段話是承上文而來。怨恨不但不可結，而且還要讓它無從產生。消除怨恨的根本辦法，就是要以德服人，施恩百姓，而不欺壓百姓。因此老子做了個比喻說：聖人好像掌握着左契的債權人，却不逼迫、苛求於負債的人。

㈢有德司契，無德司徹。

河上公曰：「有德之君，司察契信而已。無德之君，背其契信，司人所失。」

馬敘倫曰：「司，讀為伺察之伺。」

羅振玉曰：「景龍、御注、敦煌辛本首句均有『故』字。」

武內義雄曰：「『徹』敦本作『撤』，遂本作『轍』。」

案：這段話是說「有德之人就好像掌握左契的債權人，只是伺察負債的人守不守信用，而不苛求於他。無德之人却專門伺察他人的過失來要脅於人。

㈣**天道無親，常與善人。**

河上公曰：「天道無有親疏，唯與善人，則與司契者也。」

孟子公孫丑：「君子莫大乎與人為善。」朱注：「與，許也，助也。」

案：宗教家所說的天是人格化的，是有意識的。有意識的天是能分辨善惡的，祂不但能分辨善惡，而且還會禍福於人。好人，祂賜福與他；壞人，祂降禍給他。老子所說的天就不一樣了，它是沒有意識的。老子認爲天就是自然，天道就是自然的法則，天地萬物都依循這個法則在運行。「種豆得豆，種瓜得瓜」，這是大自然不變的法則。同樣道理，「善有善報，惡有惡報」，也是自然的法則，並不是天在禍福於人，而是孟子所說的「禍福自取」，因此每個人必須「永言配命，自求多福」（《孟子．公孫丑》）。所以老子說：大自然依循一定的法則運行，它是最公平、最公正的，因此它並不會偏愛於什麼人。常常行善的人，自然會得到善果。因爲種善因必得善果，這是大自然不變的法則。

【語　譯】

調解大的怨恨，必定還有餘恨存留彼此心中，這怎麼可以算是最妥善的辦法呢？因此聖人就好像掌握左契的債權人，却不苛求於負債的人。有德的人只是伺察別人守不守信用，而不苛求於人；無德的人却專門伺察他人的過失來要脅於人。大自然依循一定的法則運行，是最公平、最公正的，並不會偏愛於什麼人。常常行善的人，自然會得到善報。

【韻讀】

此章江氏韻讀：怨、怨、善韻（元部），契、徹韻（祭部，契音挈），親、人韻（真部）。

第八十章

小國寡民，使有什伯之器而不用，使民重死而不遠徙。雖有舟輿，無所乘之；雖有甲兵，無所陳之。使民復結繩而用之㈠。甘其食，美其服，安其居，樂其俗。鄰國相望，雞犬之聲相聞，民至老死，不相往來㈡。

【註釋】

㈠**小國寡民，使有什伯之器而不用，使民重死而不遠徙。雖有舟輿，無所乘之；雖有甲兵，無所陳之。使民復結繩而用之。**

王元澤曰：「小國寡民，則民淳厚。蓋國大民衆，則利害相摩，巧僞日生，觀都邑與聚落之民，質詐殊俗，則其驗也。」

俞樾曰：「什伯之器，乃兵器也。後漢書宣秉傳注曰：『軍法五人爲伍，二五爲什，則共其器。』其兼言伯者，古軍法以百人為伯。……什伯皆士卒部曲之名。」

易繫辭傳：「上古結繩而治。」孔穎達正義引鄭注：「事大，大結其繩；事小，小結其繩。」

馬敍倫曰：「『雖有舟輿』四句，古註文誤入經文者也。」

嚴靈峯曰：「『雖有舟輿，無所乘之』二句，乃上『使民重死而不遠徙』句之註文；又『雖有甲兵，無所陳之』二句，乃上『使有什伯之器而不用』句之註文也。」

羅振玉曰；「『小國寡民』，景龍本『民』作『人』。『使有什伯之器』敦煌辛本作『使民有什伯之器』，庚本作『使人有什伯之器』。」

又曰：「『使民』景龍本、敦煌庚本『民』作『人』。『而不遠徙』庚本無『而』字。『雖有』作『其』，下『雖』字無。」

案：「小國寡民」是老子的理想國，是個頗富詩情畫意的桃花源。在這個國度裏，人民為共同的理想而努力。每個人都可以各盡其能、各盡其性，最後達到各得其所的理想境界，充分享受到無為而治的自由空氣。在這種理想的小天地裏，人民的思想是純樸的，絕對不會有慘絕人寰的戰爭發生，所以雖然有武器，卻可以備而不用。人民的生活是安樂的，絕對不會有「仰不足以事父母，俯不足以蓄妻子」的經濟恐慌，所以不必逃而之四方。社會的結構是簡單的，絕對不會有「法令滋彰，盜賊多有」（五十七章）的雜亂現象，所以可使人民回到上古結繩而治的單純的生活方式。但是「結繩而治」並不是原始的野蠻社會，而是包含原始野蠻社會的文明境界。

張起鈞先生說：「老子把自然原始狀態看作理想境界。如果有人想打破這理想境界，另求新異發展，不僅破壞自然和諧，且將百弊叢生。」

㈡**甘其食，美其服，安其居，樂其俗。鄰國相望，雞犬之聲相聞，民至老死，不相往來。**

河上公曰：「甘其蔬食，不漁食百姓也；美其惡衣，不貴五色；安其茅茨，不好文飾之屋；樂其質樸之俗，不轉移也。」

蘇子由曰：「內足而外無所慕，故以其所有為美；以其所處為樂；而不復求也。民物繁夥而不相求，則彼此皆足故也。」

羅振玉曰：「景龍、景福、廣明、敦煌庚、辛諸本『犬』均作『狗』。敦煌庚本無『死』字。辛本作『使民至老』。」

案：這段話是描述小國寡民的理想國度裏，人民享受著清靜無爲、恬淡自足的高境界生活情形。他們吃的雖是疏食，但覺得很甘甜；穿的雖是粗衣，但覺得很美觀；住的雖是陋室，但覺得很安適；風俗雖然淳樸，但覺得很快樂。國與國之間，雖然近得可以互相看見、聽到雞犬的叫聲；但是彼此都能自給自足，各得其樂，所以從生到老死不必向外貪求、和外界往來了。正所謂「足於內者，無求於外。」滿足於精神生活的人，不貪求物質生活。這種安和樂利的生活情景，正是陶淵明桃花源理想境地的藍本。

【語 譯】

最理想的國家是領土小、人民少。在這個國度裏沒有戰爭，所以雖有武器却可以備而不用；生活富足安定，所以人民都能愛惜自己的生命，不必冒險逃難到遠方；社會結構簡單，所以可以使人民回到上古結繩而治的單純生活方式。他們吃的雖是疏食，但覺得很甘甜；穿的雖是粗衣，但覺得很美觀；住的雖是陋室，但覺得很安適；風俗雖然淳樸，但覺得很快樂。鄰國之間雖然近得互相看見、聽到雞犬的叫聲；但是由於彼此都能自給自足，各得其樂，所以從生到老死不必向外貪求，和外界來往了。

【韻 讀】

此章韻讀江氏無韻。

第八十一章

信言不美，美言不信；善者不辯，辯者不善；知者不博，博者不知㈠。聖人不積，既以為人己愈有，既以與人己愈多㈡。天之道，利而不害；聖人之道，為而不爭㈢。

【註釋】

㈠**信言不美，美言不信；善者不辯，辯者不善；知者不博，博者不知。**

河上公曰：「信言者，如其實。不美者，樸且質也。美言者，孳孳華詞。不信者，飾偽多空虛也。善者，以道修身。不辯者，不綵文也。辯者，謂巧言也。不善者，舌致患也。知者，謂知道之士。不博者，守一元也。博者，多見聞。不知者，失要真也。」

蘇子由曰：「信則為實而已，故不必美；美則為觀而已，故不必信。以善為主，則不求辯；以辯為主，則未必善。有一以貫之，則無所用博；博學而日益者，未必知道也。」

呂吉甫曰：「道之為物，視之不見，聽之不聞，搏之不得，可以默契，不可以情求者也。則信言者信此而已，安事美；善言者善此而已，安事辯；知言者知此而已，安事博。」

羅振玉曰：「敦煌辛本『知』作『智』。」

俞樾曰：「按此當作『信者不美，美者不信』，與下文『善者不辯，辯者不善；知者不博，博者不知』，文法一律。

河上公於『信言不美』，注曰：『信者如其實，不美者樸且質也』，是可證古本正作『信者不美』，無『言』字也。」

案：這段話是說明人格修養的原則，在於眞實、木訥與專精。所謂「信」，就是二十一章所說「其精甚眞，其中有信」的「信」。「信」就是眞實無妄的意思。凡是眞實無妄的東西，外表看起來都是質樸無華的。道，它是依循著一定的規則在運行，千萬年不改，到處都如此，不因時空而改變。在日常生活中，大家都會遇到它，並沒什麼新奇的地方。說出口來並沒什麼味道。老子說「道之出口，淡乎其無味」（三十五章）。所以說：道這種眞實無妄的言論，聽起來是不巧妙華美的；巧妙華美的言論，往往是不誠信的。善於修道的人重視身體力行，並不重視巧言善辯；注重巧言善辯的人，往往不是善於修道的人。眞正有智慧的人能執簡御繁，所謂「執古之道，以御今之有」（十四章），並不需要廣博；知識廣博的人，只不過是記問之學，並不見得是眞正有智慧的人。

㈡聖人不積，既以爲人己愈有，既以與人己愈多。

河上公曰：「聖人積德不積財，有德以教愚，有財以與貧也。既以為人施設德化，己愈有德；既以財賄布施與人，而財益多，如日月之光，無有盡時也。」

呂吉甫曰：「聖人與道合體，夫何積之有哉？唯其無積，故萬物與我為一。萬物與我為一，則至富者也。故既以為人己愈有，既以與人己愈多。使其有積也，則用之有時而既矣，安能愈有而愈多乎？」

羅振玉曰：「御注、景福二本『為』作『與』。」

案：老子認爲人格修養除了眞實、木訥與專精以外，還需要培養施捨的美德。因爲老子發覺到世界的紛亂，起於人類的相爭—爭名、爭利、爭功，乃提倡「爲而不爭」的思想。他要大家積德而不要積財，因爲積財的結果，不但「金玉滿堂，莫之能守」（九章），而且有時還要落得「多藏必厚亡」（四十四章）的下場；而積德的人博施濟眾，施設德化，其結果就像高山大海，越積越高，越積越廣。他的爲人、與人不但自己毫無損失，反而使自己的德業更充實、更有成就。這就是尼采所推崇的「贈與道德」；佛洛姆的「給與道德」。

㈢天之道，利而不害；聖人之道，爲而不爭。

河上公曰：「天生萬物，愛育之，令長大，無所傷害也。聖人法天所施為，化成事就，不與下爭功名，故能全其聖功也。」

呂吉甫曰：「凡物有所利，則有　利；有所不利，則不能不害矣！唯天之道無所利，則無所不利；無所不利，則利而不害矣！凡物之有為者，莫不有我，有我故有爭。聖人之道，雖為而無為，無為故無我，無我故不爭，是天之道而已矣！」

蘇子由曰：「勢可以利人，則可以害人矣；力足以為人，則可以爭之矣。能利能害而未嘗害，能為能爭而未嘗爭，此天與聖人大過人而為萬物宗者也。凡此皆老子之所以為書，與其所以為道之大略也，故於終篇復言之。」

羅振玉曰：「敦煌辛本無下『之』字。」

朱謙之曰：「趙孟頫本作『人之道』，無『聖』字。人與天對，文勝，然非老子本誼。」

案：這段話是說聖人「爲而不爭」的美德，乃是效法天道的「利而不害」。天道對於萬物是「萬物恃之以生而不辭，功成而不有。衣養萬物而不爲主……萬物歸焉而不爲主」（三十四章），完全利於萬物而不與萬物爭利。聖人效法天道，能夠做到「生而不有，爲而不恃，功成而弗居」（二章）的「爲而不爭」的境界。

【語譯】

道是真實無妄的言論，聽起來並不巧妙華美；巧妙華美的言論，往往是不真實的。善於修道的人注重身體力行，而不在於巧言善辯；巧言善辯的人，往往不是善於修道的人。有智慧的人一理通百理通，執一以為天下式，無需廣博的知識；有廣博知識的人，只不過是記問之學，不一定是有智慧的人。聖人積德而不積財。他盡量的幫助別人修德，自己越來越有德；盡量的施與別人，自己越來越充實。自然的法則是利益萬物而不危害萬物；聖人的做人原則是努力的作為，却不爭名、爭利、爭功。

【韻讀】

此章韻讀江氏無韻。

本書引用參考書目（依引用先後次列）

老子章句	河上公
老子註	王　弼
老子翼	焦　竑
老子探義	王　淮
四書集註	朱　熹
老子考異	羅振玉
爾雅	郭璞註
老子校釋	朱晴園
老子索引	福永光司
經典釋文	陸德明
老子唐本考異	嚴可均
老子道德經新注	李　約
老子道德經評點	嚴幾道
韓非子集釋	陳奇猷
史記	司馬遷
老子解	蘇　轍
道德經注	吳　澄
老子校	王　昶
老子註	王元澤
老子道德經考異	畢　沅
老子章句新編	嚴靈峰
老子校詁	蔣錫昌
讀老子札記	易順鼎
老子道德經古本集註	范應元
荀子	楊倞註
道德經解	釋憨山

老子古本考	勞　健
道德經傳	陸希聲
老子之研究	武內義雄
譯註老子	武內義雄
公羊傳	何休註
說文解字	許　慎
老子集解	奚　侗
老子正詁	高　亨
老子平議	俞　樾
老子校詁	馬敍倫
老子註	呂吉甫
列子	張湛註
老子口義	林希逸
老子註	李息齋
廣雅	張　揖
道德論述要	司馬光
墨子閒詁	孫詒讓
老子斠補	劉師培
老子集解	羅運賢
經傳釋詞	王引之
老子古義	楊樹達
老子億	王純甫
老子故	馬其昶
讀書雜志	王念孫
新譯莊子讀本	黃錦鋐
新譯老子讀本	余培林
老子註	劉仲平
管子	尹知章註
老子集訓	陳　柱
老子本義	魏　源
老子集解	薛　蕙
老子今註今譯	陳鼓應
莊子集釋	郭慶藩
老子哲學	張起鈞

老莊哲學　胡哲敷
中國思想史　韋政通
中國學術思想大綱　林　尹
淮南子　高誘註
中國哲學史　勞思光
江氏音學十書　江有誥
老子的哲學　王邦雄
老子解義　吳　怡
老子研究　許抗生

老子哲學　梁啓超
老莊研究　胡楚生
中國哲學史　馮友蘭
中國哲學史　任繼愈
中國哲學十九講　牟宗三
中國古代思想史論　李澤厚
中國哲學通史　葛榮晉
老莊新論　陳鼓應
先秦道家思想研究　張成秋

國家圖書館出版品預行編目資料

老子釋義
黃登山編著. － 初版. － 臺北市：臺灣學生，1987 面；公分 參考書目：面
ISBN 978-957-15-0224-3(平裝)
1. 老子 － 註釋
121.311　　　80000909

老子釋義（修訂本）

編著者　黃登山
出版者　臺灣學生書局有限公司
發行人　楊雲龍
發行所　臺灣學生書局有限公司
地址　臺北市和平東路一段 75 巷 11 號
劃撥帳號　00024668
電話　(02)23928185
傳真　(02)23928105
E-mail　student.book@msa.hinet.net
網址　www.studentbook.com.tw
登記證字號　行政院新聞局局版北市業字第玖捌壹號
定價　新臺幣四五〇元

一九八七年十二月初版
二〇一六年二月修訂版二刷

12117

ISBN 978-957-15-0224-3 (平裝)